글 쓰는
마음가짐

글쓰는 마음가짐

초판 1쇄 인쇄 2022년 12월 12일
초판 1쇄 발행 2022년 12월 20일

지은이 · 김경윤

펴낸이 · 최현선
편   집 · 김하연
마케팅 · 김하늘
디자인 · 디자인 Me
제   작 · 영신사

펴낸곳 · 오도스 | 출판등록 · 2019년 7월 5일 (제2019-000015호)
주   소 · 경기도 시흥시 배곧4로 32-28, 206호(그랜드프라자)
전   화 · 070-7818-4108 | 팩스 · 031-624-3108
이메일 · odospub@daum.net

ISBN 979-11-91552-16-4(03190)

odos 마음을 살리는 책의 길, 오도스

글 쓰는
마음가짐

김경윤 지음

odos

프롤로그

프롤로그

오래된 지혜에 기대어

1.

글감이 떠오르지 않거나, 글을 쓰다가 막히거나, 글쓰기에 회의를 느끼거나, 글을 쓰다가 도중에 중단하는 경우는 예비 작가나 초보 작가에게만 일어나는 일이 아닙니다. 책을 여러 권 썼다는 중견 작가들도 자주 겪는 일입니다. 이유는 여러 가지가 있을 수 있습니다. 건강이 안 좋아졌다거나, 출판한 책에 대한 반응이 신통치 않다거나, 주변과의 관계가 좋아지지 않아서, 당장 해야 할 다른 일들이 산적해 있어서 ……: 이유를 찾자면야 수십 가지를 찾을 수 있습니다.

물론 글을 계속 써야만 하는 것은 아닙니다. 글을 쓰는 것보다 더 좋고 보람 있는 것을 찾아 살 수도 있습니다. 작가로 살아가는 것이 생활에 큰 보탬이 되는 것도 아닙니다. 그런데도 제가 글쓰기를 권장하는 이유는 글쓰기를 통해 힘든 자신을 일으켜 세우고, 어지러운 생각을 정리하여 살아갈 방향을 정하고, 혼탁한 세상을 똑바로 직시하면서 그 문제점을 파악하여, 글로 한 문장 한 문장 또박또박 써서 서로 읽다 보면, 조금은 더 나은 내가 되고, 좋은 생각을 나누는 멋진 친구를 만나고, 지금보다는 조금이라도 더 좋은 세상을 만들 수 있다고 믿기 때문입니다.

그래서입니다. 지금 힘들더라도 글쓰기를 포기하지 말자고, 망치더라도, 더디더라도, 지우더라도 계속 쓰자고 말씀드리고 싶습니다. 뒷걸음도 걸음이고, 제자리걸음도 걸음입니다. 멈추지만 않는다면 근육이 생깁니다. 글쓰기 근육이 생긴다면 우리는 언제든지 다시 글을 쓸 힘이 생긴 겁니다.

제가 이 책에 쓴 글도 글감이 떠오르지 않을 때, 글쓰기가 막혔을 때, 글쓰기에 회의가 생겼을 때 글쓰기를 멈추지 않고, 이런저런 책도 읽고, 이런저런 생각도 해보면서 그 생각을 정리하여 차곡차곡 쌓아두었던 것들을 모아놓은 결과물입니다. 저는 이 글을 쓰면서 새로운 마음가짐을 갖게 되었다고 말할 수 있습니다.

2.

제가 글쓰기 스승으로 모시는 분들은 너무도 많습니다. 역사적 고전을 읽으면서 만난 분들은 모두 나에게 그들만의 가르침을 주었습니다. 최근에는 노자와 장자를 가까이 두고, 그분들의 책을 밥 먹듯이 꼭꼭 씹으며 읽고 있습니다. 특히 이번《글쓰는 마음가짐》의 기본 정신은 노자의《도덕경》을 읽으면서 배운 것입니다. 코로나 기간에는 가르치고 배우는 교육의 관점으로《도덕경》을 정리하여 출간한 적이 있습니다. 이번에는 글을 쓰는 관점에서《도덕경》을 읽어보았습니다. 이 글을 읽다가 중간중간에 노자의 글이 자주 인용되는 것은 그러한 이유 때문입니다. 오래된 지혜에서 글쓰기의 정수를 배우고 싶었습니다. 여러분에게도 큰 도움이 되리라 믿습니다.

3.

《책 쓰는 책》을 쓰고 나서 많은 분이 사랑해주었습니다. 이번에 그 후속작으로 이《글쓰는 마음가짐》을 여러분에게 선보이게 되어 참 좋습니다. 최근에 저와 같이 글쓰기를 나누는 문우들이 한두 분씩 출간계약을 맺고 있습니다. 이 모두가 글쓰기가 힘들고 지칠 때, 글이 써지지 않아 고개를 숙이거나 좌우로 흔들 때도, 다시 용기를 내어 글쓰기를 계속하면서 근육을 키워온 결과라고 생각합니다. 일차적으로 그들과 함께 동고동락하면서 저와 그들을 위로하고 권면하기 위해 쓴 글이지만 이제 여러분에게 이 글을 보냅니다.

4.

오랜만에 저의 글을 읽고 단소리, 쓴소리해준 가족에게 고마움을 전합니다. 책의 표지에 근사한 하트 작품을 사용할 수 있게 허락해준 양서현 작가님 고맙습니다. 어려운 출판 현실에서 뚝심 있게 자리를 지켜주고 있는 오도스 김하늘 대표에게 감사합니다. 아무 일 없이 편안한 일상을 사는 것이 얼마나 큰 행운인지 새삼 절감하며 사는 나날입니다. 여러분의 평안과 건필을 기원합니다. 읽어주셔서 고맙습니다.

2022. 12.
성석동 자유글방에서
김경윤

목차

글을 쓸 때

지치고 막힐 때

고치고 다듬기

다시 쓰기 위해

에필로그

·

글쓰기 마인드

작가는 지금 글을 쓰는 사람입니다

한 번 작가가 영원한 작가는 아닙니다.
한때의 명성이 영원한 명성은 아닙니다.
항상 새로 시작하십시오.

사람들은 묻습니다. 작가란 무엇입니까? 나는 말합니다. 글을 쓰는 사람이 작가입니다. 정말입니까? 그렇습니다. 지금 글을 쓰고 있는 사람이 작가입니다. 작가는 영어로 '라이터(Writer)'입니다. 말 그대로 '글을 쓰는 사람'입니다. 한자로는 '作家'입니다. 지을 작(作), 사람 가(家). 이 또한 말 그대로입니다. 나는 이 정의보다 명확하고 아름다운 정의는 없다고 생각합니다. 한때 작가였던 사람이 있습니다. 작가로 명성을 날렸던 사람도 있습니다. 그러한 사람이라 할지라도 지금 글을 쓰고 있지 않다면 그는 '작가'가 아닙니다. 작가라는 이름은 항상 현재진행형입니다.

'내가 왕년에는'이란 말속에는 현재의 궁핍함이 도사리고 있습니다. 과거를 팔아 살아가는 사람을 살아있는 사람이라 할 수 없습니다. 목숨은 부지하고 있지만, 삶의 의미는 없습니다. 물론 작가만이 삶의 의미가 있다고 말하는 것은 아닙니다. 자기 삶에 충실할 때, 모든 삶은 빛나고 의미가 있습니다. 농민은 농사를 지을 때 빛납니다. 교사는 가르칠 때 삶의 의미가 있습니다. 이와 마찬가지로 작가는 글을 쓸 때 빛나고 의미가 있습니다.

책을 펴내든 못 펴냈든 작가는 글을 씁니다. 원고가 실리든 실리지 않든 작가는 글을 씁니다. 어제도 쓰고 오늘도 씁니다. 항상 새롭게 시작합니다. 자기 삶을 글로 쓰는 사람은 누구나 작가입니다. 나이도, 성별도, 신분도, 국적도, 종교도 작가가 되는 것을 막을 수 없습니다. 자기 머리와 가슴과 영혼 속에 있는 말을 끄집어내어 글로 표현하는 사람, 자신의 목소리를 당당히 글로 쓰는 사람, 그렇게 삶의 주인공이 되는 사람이 작가입니다.

글을 아는 사람은 누구나 작가가 될 수 있습니다. 그러니 작가가 되는 것을 두려워할 필요는 없습니다. 남들보다 잘 쓰지 못해도, 설령 자신이 써놓은 글이 남들에게 혹평받더라도, 그가 글로 자신을 표현한 이상 작가임은 틀림없습니다. 의심하지 않아도 됩니다. 지금 글을 쓰십시오. 당장 작가가 되십시오.

그릇이 큰 작가가 되십시오

그릇이 큰 작가가 되십시오.

깊은 작가가 되십시오.

심연까지 내려가십시오.

노자《도덕경》28장의 후반부에 다음과 같은 구절이 있습니다.

知其榮(지기영) : 영광을 알면서

守其辱(수기욕) : 오욕을 유지하라

爲天下谷(위천하곡) : 세상의 골짜기가 될 것이다

爲天下谷(위천하곡) : 세상의 골짜기가 되면

常德乃足(상덕내족) : 영원한 덕이 풍족하게 되고

復歸於樸(복귀어박) : 다듬지 않은 통나무 상태로 돌아가게 될 것이다

노자는 정상을 보지 않고 골짜기를 봅니다. 정상을 예찬하는 것이 아니라 골짜기를 지향합니다. 높이는 그저 주어지는 것이 아닙니다. 깊이가 있기에 높이가 생기는 것입니다. 바닷물이 마르지 않는 것은 심연을 갖고 있기 때문입니다. 작가가 사상가가 될 필요는 없지만, 작가의 글은 사상의 깊이와 무관하지는 않습니다. 밝기만 할 뿐 그늘이 없는 작가를 신뢰할 수는 없습니다. 높이에 감추어진 깊이, 밝음을 드러내는 어둠, 심연까지 내려가 본 사람만이 그려낼 수 있는 심오함.

《백경(白鯨, Moby Dick)》의 저자 허먼 멜빌은 "사유의 잠수사들은 충혈된 눈을 하고 표면으로 올라왔다"라고 말했습니다. 니체의 《서광》의 서문에서 "이 책에서 사람들은 '지하에서 작업하고 있는 한 사람'을 보게 될 것입니다. 그는 뚫고 들어가고, 파내며, 밑을 파고들어 뒤집어엎는 사람이다."라고 말합니다. 무라카미 하루키의 《직업으로서의 소설가》에서 "이야기=스토리라는 것은 인간의 영혼 밑바닥에 있는 것입니다. 인간의 영혼 밑바닥에 있어야 하는 것입니다. 그것은 영혼의 가장 깊은 곳에 있기 때문에 더더욱 사람과 사람을 근간에서부터 서로 이어줍니다. 나는 소설을 쓰면서 일상적으로 그 장소에 내려갑니다."라고 말합니다. 모두 공통적입니다. 깊은 작가 정신입니다.

바닷가 앞에 서면 밀려오고 밀려가는 파도가 만들어내는 포말의 향연에 빠져들게 됩니다. 그 모든 것을 만들어내고 다시 받아들이는 바다를 봐야 합니다. 발만 담근 채 경탄하는 것이 아니라, 심호흡하고 그 깊이에 접근해야 합니다. 바다가 바다에만 있다고 생각하지 마세요. 깊이가 있는 것은 어느 곳에나 있습니다. 우리 사는 세상에도 있고, 우리가 외면한 사건에도 있고, 그대에게도 있습니다. 그대 속에 깊은 바다를 발견하세요.

독자를 가르치지 마십시오

작가의 영원성은 독자가 만듭니다.
앞서지 마십시오. 독자 속에 거하십시오.

동국 이제마의 《격치고》〈천시〉 편에는 다음과 같은 구절이 나옵니다.

너의 지혜에 교만하지 말라. 너의 지혜가 얕은지 모른다.
너의 능력에 자긍하지 말라. 너의 능력이 혹 척박한지 모른다.
너의 재목을 앞세우지 말라. 너의 재목이 치졸한지 모른다.
너의 노력을 과장하지 말라. 너의 노력이 궁색한지 모른다.

특히 작가들이 깊이 새겨들을 일입니다. 작가가 되면 남들보다 글을 더 많이 쓰게 되고, 또 남들보다 글이 더 많이 노출되기도 합니다. 운수가 좋으면 그 글로 인해 때로 유명세를 치르기도 하는데, 그때 작가들은 자기 능력이 남들보다 더 뛰어나다는 착각에 빠지기 쉽습니다. 거기서 좀 더 가면 바로 꼰대가 됩니다. 남의 말을 귀담아듣기보다는 자신의 이야기를 하는 것을 더욱 즐기게 되고, 그렇게 앞질러 가다 보면 독자와의 거리가 저만치 멀어지게 됩니다. 독자와 함께 걷지 않는 작가는 이내 생명력을 잃게 됩니다.

독자야말로 작가의 거주지이며 안식처입니다. 독자와 함께 고민하고, 함께 모색하고, 서로 힘을 북돋아 함께 걸어가야 합니다. 독자는 작가보다 더 뛰어나다고 믿는 것이 오히려 도움이 됩니다. 독자들이 작가보다 무지하거나 능력이 떨어져서 독자가 되는 것이 아닙니다. 오히려 부족한 작가들에게 기운과 용기를 주기 위해 독자의 노릇을 자처하고 있는지도 모릅니다. 단지 독자는 작가만큼 글을 쓰지 않는 것 뿐입니다.

글을 쓰거나 읽지 않는다고 작가보다 못한 사람이라고 생각하면 그야말로 작가의 거대한 오만입니다. 나는 작가보다 지혜롭고, 능력 있고, 재능도 있고, 노력도 많이 하는 독자들을 수없이 꼽을 수 있습니다. 그들과 함께할 뿐 가르치려 해서는 안 됩니다. 작가를 먹여 살리고, 계속해서 글을 쓰게 하고, 더욱 용기를 불어넣어 주는 독자가 있음을 자랑스럽게 생각해야 합니다. 당신의 글을 읽는 독자가 있다는 것만으로도 당신은 참으로 축복

받은 사람입니다.

　고전(古典)은 어떻게 고전이 되었을까요? 그 기나긴 시간 속에서 작가의 글을 계속 읽어준 독자가 있었기 때문입니다. 그 낡은 문장을 새롭게 해석하고 새로운 생명을 불어넣어 준 것도 독자들입니다. 독자들이야말로 불멸성의 원천입니다. 늘 새롭게 독자와 만나고, 독자와 함께 합시다. 영원해지고 싶다면 독자 속에서 살아야 합니다.

보이지 않는 것도 중요합니다

보이는 것만 보지 마십시오.

보지 못하는 것을 보려고 하십시오.

생텍쥐페리가 쓴 《어린왕자》에 나오는 여우는 어린왕자에게 다양한 지혜를 알려주는데요. 그중에서 하나는 이겁니다. "내 비밀은 이런 거야. 그것은 아주 단순해. 오로지 마음으로만 보아야 잘 보이지. 가장 중요한 건 눈에 보이지 않아."

작가의 세계도 마찬가지입니다. 눈에 보이는 현상만을 다루어져서는 작품이 되지 않습니다. 그러한 현상이 나타나게 된 수없이 많은 원인과 계기, 현상을 둘러싼 다양한 관계망들, 그리고 그러한 현상이 뜻하는 의미 등도 탐색해야 합니다. 이런 것들은 현상처럼 쉽게 눈에 띄는 것이 아닙니다.

젊은 시절 연애에 실패한 기억을 되살려보면, 눈에 보이는 현상에 몰두하느라 그 마음의 결을 관찰하지 못해서 좌절했던 경우가 많았지요. 어디 연애만이겠습니까. 그 마음이라는 것이 쉽게 파악되지 않는 것이라, "열 길 물속은 알아도 한 길 사람속은 모른다"라는 속담이 있을 정도니까요.

20세기로 들어서면서 심리학이라는 학문이 생겼습니다. 인간 마음의 원리를 탐구하는 학문인데요. 각기 다양한 주장이 있을 뿐 모두가 공감하는 학설은 쉽게 발견되지 않습니다. 우리에게 널리 알려진 프로이트의 심리학도 현대에 와서는 하도 만신창이가 되어 점점 그 위력을 상실해가고 있지요. 어쩌면 하나의 법칙으로 마음을 탐구하는 것 자체가 출발점을 잘못 잡은 것일 수도 있습니다. "미꾸라지 한 마리가 개천을 흐리듯" 아주 사소한 사건 하나가 평온했던 마음을 혼돈에 빠트리기도 합니다.

인간은 아주 오래전부터 사람의 마음을 탐색해왔지만 아직은 미지의 영역이 더욱 많습니다. 만약에 인간에게만 마음이 있는 것이 아니라 우주 만물에도 마음이 있다면 그 마음을 어찌 파악할 수 있을까요? 고대의 사상가들은 이를 인간의 마음인 '심(心)'과는 다른 용어로 '도(道)'라 하였습니다. 유가가 이야기하는 사단칠정론이나 이기론은 우주의 원리를 인간의 세계에 적용해보려는 노력의 일환이었고, 《주역》이나 《명리학》 역시 그러한 노력에 다름 아닙니다.

작가는 이러한 이론적이고 추상적인 학문적 노력과는 달리 세상과 인간을 형상적으로 관찰하고 묘사하고 서술함으로써 눈에 보이듯이 생생하게 그려내려고 합니다. 시적 용어로 말하자면 심상(心象)이 될 텐데, 이를 구성하는 오감(五感)을 넘어서 이루 표현할 수 없는 지점까지 표현하고 싶은 것이 작가의 욕망이기도 합니다. 그런 의미에서 작가는 보이는 것 / 보이지 않는 것, 설명 가능한 것 / 설명 불가능한 것, 말로 표현할 수 있는 것 / 표현할 수 없는 것의 경계 지점에서 항상 흔들리며 자기 능력과 무능을 통감하는 존재이기도 합니다. 이런 작가의 처지를 천형(天刑)이라 해야 할까요, 천복(天福)이라 해야 할까요.

지식생태계의 일원

겸손하십시오.

인간이 지구에서 차지하는 지위는 어디일까요? 우리는 그동안 지구의 최종포식자로, 만물의 지배자로, 지구상에 가장 뛰어난 존재로 스스로 자리매김해왔습니다. '그 어떤 존재보다 높은 지위와 권리를 가지고 있는 자'가 인간이라는 생각입니다. '만물의 영장(令長)'이라는 칭호가 붙어있었지요.

이렇게 인간 중심의 생각을 해왔기에 인간을 제외한 모든 존재는 그저 이용가능성의 여부에 따라 해롭다, 이롭다, 무용하다, 유용하다, 라는 평가의 대상으로 전락해버렸습니다. 그렇게 우리는 지구를 자원으로 마음껏 이용하면서 파헤치고, 뿌리 뽑고, 잘라내고, 죽이고, 소모했습니다. 인류는 그동안 수없이 많은 생물종을 멸종시켰습니다. 또 이용가능한 종은 가축으로 만들어 생물의 권리를 아랑곳하지 않고 증식시키고, 이용하고, 잡아먹고, 폐기시켰습니다.

그러다가 생태계의 위기와 기후 위기가 닥쳐왔고, 인간이 자연에게 가했던 폭력은 고스란히 인류에게 돌아왔습니다. 20세기에 들어와서야 인류는 생태의 중요성을 깨닫고 환경운동, 생명운동, 생태운동으로 자신의 삶을 반성하면서, 인간의 자리를 새롭게 자리매김하였습니다. 인간은 더 이상 만물의 영장이 아니라 자연의 일원으로, 자연 속에 살면서 다른 생명과 더불어 공존해야 하는 생명체에 불과하다는 것을 알게 되었습니다. 최고의 존재가 아니라, 만물의 일원임을 머리로나마 깨닫게 된 것이지요.

그렇다면 작가는 지식생태계에서 어떤 지위를 차지하는 존재일까요? 지식생태계란 지식이 생산되고, 유통되고, 소비되면서 더 나은 생태계를 구성할 수 있는 유무형 네트워크의 총체입니다. 개별 작가 이전에 작가를 탄생시킬 수 있는 생태계 자체가 없었다면, 작가는 자신의 생각을 표현할 수도, 발표할 수도, 유통시킬 수도 없었을 것입니다. 문자문명의 역사적 진화과정에서 개별작가가 탄생한 것은 그리 오래된 일이 아닙니다. 신분제 사회에서는 특권층만이 문자를 사용했으니 작가의 탄생은 더욱 드물었겠지요. 대한민국은 그나마 문자해독률이 매우 높은 나라이고, 국민교육이 권리로 보장되는 나라이며, 세계 최강의 인터넷 강국입니다. 작가가 탄생할 수 있는 매우 유리한 생태적 조건을 가지고 있지요. 작가가 작품을 생산했다고 하더라도 예전 같았으면 그 작품을 발표할 수 있는 매체가 국한되어 소수만이 그러한 권리를 누릴 수 있었습니다. 작가가 작품을 생산했다고 하더라도 그것을 유통시킬 수 있는 도서관이나 서점이 없었다면 독자가 그 작품을 접할 수 없었을 것입니다. 설령 작품이 독자의 손에 쥐어졌다 하더라도 그것을 읽고 감상할 수 있는 독자의 능력이 없었다면, 작가의 작품은 한갓 휴지 조각에 불과했을 것입니다. 이러한 시공간적 조건의 변화와 지식의 생산, 유통, 소비의 유기적 구조를 생각해본다면, 작가는 지식생태계의 왕이 아니라 한 일원일 뿐이라는 겸손한 태도를 갖게 됩니다.

그러니 오늘 내가 글을 쓰고 발표하고 누군가가 그 글을 읽고 느끼는 모든 과정이 어느 때, 어느 공간에는 아예 불가능할 것임을 생각할 때, 고맙고 고맙다는 생각을 아니 할 수 없습니다. 내가 태어나 글을 배우고, 글을 읽고, 글을 쓰는 능력을 갖게 된 것도 기적과 같고, 이 초라한 작품이라도 누군가는 간직하고 유통시키고, 또 어떤 누군가의 눈에 들어 읽힐 수 있다는 것도 기적입니다. 그래서 작가는 모든 만물에 감사하고 오늘 글 쓸 수 있음에 감사할 수밖에 없습니다.

여긴 어디, 난 누구?

큰 세상을 그리십시오.
먼 시간을 상상하십시오.
자신의 위치를 성찰하십시오.

2015년 JTBC에서 상영한 〈송곳〉은 부당해고에 맞서는 노동자들의 싸움을 그려낸 인상깊은 드라마였습니다. 특히 노동법률을 상담해주는 구고신(안내상 分)은 드라마 곳곳에서 명대사를 날리는 사람이었지요. 지금도 생생하게 기억하고 있는 그의 대사 하나. "당신들은 안 그럴 거라고 장담하지마. 서는 데가 바뀌면 풍경도 달라지는 거야." 남을 함부로 판단하지 말라는 말입니다. 처지에 따라서 생각도 바뀔 수 있음을 경고하는 말이지요.

아는 형님 한 분도 술자리에서 이와 비슷한 이야기를 했던 것이 기억납니다. "사람은 말이야. 결국 처지(處地)를 잘 알아야해. 처할 처, 땅 지! 자신이 발 딛고 있는 곳이 어딘지 알아야 자신의 삶을 볼 수 있거든." 그 말에 어지간히 취한 나도 정신이 번쩍 들었더랬습니다. 내 영혼이 발바닥에 도달하는 순간이었습니다. 나는 어디에 있는가? 내가 있는 이곳은 어떤 곳인가? 나는 누구와 함께 하고 있는가? 내 발이 향하는 곳은 어디인가? 온갖 질문의 소용돌이가 나에게 몰려왔습니다.

전도망상(顛倒妄想)에 사로잡히지 않으려면, 진정 새롭게 시작하려면 머리에서 시작하는 것이 아니라 발에서 시작해야 합니다. 일확천금(一攫千金) 벼락출세를 꿈꾸며 영혼까지 끌어모아 집을 사고, 주식에 투자하다가 영혼마저 털리게 되는 위험에 빠지게 됩니다.

작가는 무엇보다 대지에 굳게 발 딛고 있는 사람입니다. 단단히 고정된 삼각대 위에 카메라가 얹어질 때 가장 선명한 풍경을 잡아낼 수 있는 것처럼 말입니다. 흔들리는 시선으로는 세상이 온통 뿌옇게 보일 뿐입니다. 갇혀 있으란 말이 아닙니다. 좁은 세상에 만족하라는 말이 아닙니다. 가장 멀리 보기 위해서라도, 큰 세상을 경험하기 위해서라도 자신의 처지를 정확히 성찰하라는 말입니다.

망망대해에서 길을 잃었을 때 가장 중요한 것은 바로 자신이 어디 있는지를 아는 것입니다. 발달심리학에서는 이를 '메타인지(metacognition)'라고 말합니다. 메타인지란 내가 어디에 있는지, 나는 무엇을 알거나 모르는지, 나는 무엇을 할 수 있는지, 나는 누구인지 아는 것입니다. 그런 의미에서 메타인지는 스스로에게 질문하는 힘이자 앎을 검증하는 앎이지요. 공상에 사로잡히지 않고 맨정신으로 자신을 돌아볼 수 있는 능력입니다.

나에게 주어진 현실을 정확히 파악해야 한 걸음이라도 제대로 걸어갈 수 있습니다. 영화 〈메트릭스〉에서 네오에게 모피어스가 빨간약과 파란약을 내밀었을 때 네오는 기꺼이 빨간약을 선택합니다. 환상의 세계에서 전도망상에 사로잡혀 사느니, 아무리 비참한 현실이라도 용감하게 대면하여 돌파하겠다는 용기를 내는 것이지요. 그럴 때만이 네오(Neo, 新)의 이름처럼 새로운 공간과 시간에 들어갈 수 있습니다. 폐허가 된 인간의 자리에 새로운 희망을 심을 수 있게 됩니다. 작가 또한 그런 사람입니다.

작가로 살아가는 법

잘 나갈 때 조심하십시오.
조용하고 담담하게 대하십시오.
음지의 작가 동료를 생각하십시오.

서른한 살의 나이에 첫 번 째 책 《철학사냥 1》을 출간했을 때, 내 인생의 고속도로가 생길 것이라고 생각했습니다. 얼마 안 가이는 착각도 어마어마한 착각임을 알게 되었지요, 하지만 작가가 된다는 것이 쉬운 일도 아니고, 책 한 권 쓰는 일에 드는 품도 만만치 않아서, 적어도 그에 대한 경제적 보상쯤은 어느 정도 충족할 것이라고 생각했지요. 물론 지금은 손톱만치도 그렇게 생각하지 않습니다. 일반 작가의 경우 책 한 권 계약하면 선인세로 일백만 원쯤 받고, 책이 출간되고 나서 출간된 책의 정가 곱하기 발행부수의 10%에 해당하는 금액을 받을 뿐이죠. 1만 원짜리 책 2천부를 발행하면 총 인세는 2백만 원인데, 선인세로 이미 백만 원을 받았으니 추가로 백만 원을 받으면 끝입니다. 사실 초판 2천부를 1년 안에 판매하기도 쉽지 않아요. 그러니 작가가 일 년에 책을 한 권 쓴다고 가정하면 기껏해야 연수입 이백만 원인 셈입니다.

한국고용정보원의 소득별 직업 순위 정보(2018년)에 따르면 대기업 포함 민간기업 재직자의 평균연봉은 4,100만원이었습니다. 최하위 순번에 해당하는 직업들이 눈에 띕니다. 2위인 수녀 연봉은 평균 1,262만원, 3위인 신부 연봉은 평균 1,471만원이었습니다. 4위가 육아도우미, 5위가 연극 및 뮤지컬 배우, 6위가 교회 전도사, 7위가 보조교사였습니다. 소설가는 9위로 연봉 1,586만원이었습니다. 1위는 어떤 직업이었을까요? 시인이었습니다. 평균연봉 542만원. 우리나라에서 제일 가난한 직업은 시인이었습니다.

그러니 작가로 살아간다는 것은 출세나 성공의 지름길이 아니라, 출세와 성공과는 아주 거리가 먼 고난의 길이며 가난의 길입니다(이쯤에서 예비작가 중 수입을 위해서 글을 쓰고 계신 분은 마음의 준비를 하셔야 할듯 합니다). 많은 예비(초보)작가들이 베스트셀러 작가의 꿈을 꾸며 글을 쓰고 있는 줄 압니다. 안 되라는 법은 없지만 확률상 아주 낮은 게임(?)을 하고 있는 겁니다.

요즘은 웹소설 작가들이 연대 연봉을 받기도 하지만, 그 또한 잘 나가는 작가에 한정된 말이니 현혹되어서는 안 됩니다. 이에

편승하여 베스트셀러 작가를 만들어주겠다는 상업적 프로그램이 성행하는데 결코 믿어서는 안 됩니다. 그런 행운은 좀처럼 일어나지 않습니다. 그럼에도 작가로 살아가고 싶으시다면 그건 대환영입니다. 직업적으로는 가난하지만 작가로 살아가는 일이 불행하지만은 않습니다. 가난한 사람이 모두 불행하지 않은 것과 마찬가지로요.

작가의 1차 목표는 글의 완성입니다. 자신의 생각을 잘 표현하고 완성하여 자신의 독자에게 읽을 수 있도록 전하는 것입니다. 좋은 작가가 되어 좋은 독자와 만나는 것, 그것이 작가가 누릴 수 있는 최고의 행운이고, 작가가 받을 수 있는 최고의 선물입니다. 만약에 경제적인 여유까지 생긴다면 주변에 있는 가난한 작가들을 챙겨주시기 바랍니다. 그들의 책도 사주시고, 근처에 있다면 맛있는 음식이나 술도 함께 나누시길 바랍니다. 어차피 한 시대를 같이 살아갈 동료 작가들에게 잘 해줘서 손해날 것은 없습니다. 하지만 잘 나간다고 뻐기거나 우쭐대지는 마십시오. 작가로서 가장 추한 일입니다. 수입은 소리 없이 헤아리시고 선행은 흔쾌히 하십시오. 음지에 있는 작가들을 외롭게 만들지는 마세요. 우리나라 대부분의 작가들이 그러하니까요. 작가들의 복지는 우선 주변 작가로부터 와야 합니다. 국가는 그 다음입니다.

따뜻한 글쓰기

튀는 글보다는 따뜻한 글을 쓰십시오.

생명을 보듬는 글을 쓰십시오.

이것이 으뜸입니다.

젊었을 때에는 남들보다 뛰어난 글, 특이한 글, 튀는 글을 쓰려고 했습니다. 그렇게 해야 독자들의 눈에 띈다고 생각했습니다. 잘난 척 하려고 멋진 단어들을 고르고, 고급져 보이려고 어려운 단어들을 부러 사용했습니다. 나 자신을 드러내려 하기보다는 화려한 장식들로 치장하려 했습니다.

남들을 비판하는 날카로운 글, 냉철한 글, 차가운 글을 쓰는 것이 지성이라고 생각했습니다. 그래서 남의 잘못을 찾기에 힘쓰고, 허점을 발견하면 좋아하고, 문제점을 발견하면 지적했습니다. 남을 넘어뜨려야 내가 선다고 착각했습니다. 나의 문제를 발견하기보다는 남의 문제를 발견하기 좋아했고, 나를 바꾸려 하기보다는 세상을 바꾸려고 했습니다. 세상을 뒤집어 엎는 글이 위대한 글이라고 생각했습니다.

나이가 들면서 무엇보다 나의 문제점들이 보이기 시작했습니다. 글을 통해 감추어왔던 나의 모습이 선명해졌습니다. 글을 쓴다는 행위가 자신의 잘남을 드러내기 위한 것이었음도 어렴풋이 깨닫기 시작했습니다. 나에게는 지나치게 관대하고 남에게는 지나치게 야박했던 태도가 부끄러워졌습니다.

어렵게 쓰는 것보다 쉽게 쓰는 것이 더욱 어려운 일임을 이제는 압니다. 특이하게 쓰는 것보다 평범하게 쓰는 것이 더욱 공이 드는 일임도 알게 되었습니다. 생명을 죽이는 일은 한 순간이지만 생명을 살리려면 많은 시간과 정성이 필요하다는 것도 이제는 압니다. 저절로 알게 된 것이 아닙니다. 힘들여 알게 된 것입니다.

진리가 어려운 것이 아니라 진리를 살아냄이 어려운 일이었습니다. 아는 것이 어려운 것이 아니라 하는 것이 어려운 것이었습니다. 종교와 철학이 아무리 심오하고 어려워도 결국에는 삶을 보살피기 위한 것임을 이제는 압니다. 삶을 보살피려면 따뜻함이 필요합니다. 기쁨과 슬픔이 공감대를 얻으려면 따뜻함이 있어야 합니다. 차가운 눈물은 없습니다. 차가운 시선으로는 세상을 살릴 수 없습니다.

무엇보다 자신의 글에 따뜻한 온기를 유지하기를 바랍니다.

위대한 혁명은 사랑을 기초로 합니다. 마찬가지로 좋은 글쓰기도 사랑이 있어야 가능합니다. 생명에 상처를 내는 글보다 상처를 보듬는 글이 좋습니다. 비판을 할 때에도 살인검(殺人劍)이 아니라 활인검(活人劍)을 휘둘러야 합니다. 생명을 보듬는 글을 써야 합니다. 이것이 으뜸입니다.

결국 사랑입니다

생각이 글을 낳고,
글은 마음을 기르고,
마음은 삶을 키우고,
삶은 사랑을 돌보고

《도덕경》51장은 이렇게 시작됩니다. "도(道)는 만물을 낳고, 덕(德)은 만물을 기른다. 만물은 형체가 있고, 주변은 만물을 성장시킨다. 이게 바로 만물이다. 그래서 만물은 도를 존경하고 덕을 귀하게 여기지 않을 수 없다." 이를 글쓰기에 적용해보면 어떨까요? 생각이 글을 낳고, 글은 마음을 기르고, 마음은 삶을 키우고, 삶은 사랑을 돌봅니다. 글쓰기와 독서를 귀하게 여기지 않을 수 없습니다.

생각과 마음은 내 안에 있습니다. 보이지 않습니다. 이 보이지 않는 것을 글과 삶으로 바꿔 보이게 합니다. 반대 방향도 가능합니다. 글과 삶이 우리의 생각과 마음으로 들어가 보이지 않게 됩니다. 마치 호흡처럼 안에서 밖으로, 다시 밖에서 안으로 들어갔다 나왔다 하는 것입니다. 독서와 글쓰기 역시 마찬가지입니다. 바깥에 있는 책을 봄으로 우리의 생각과 마음을 채웁니다. 그 생각과 마음을 글의 형태로 채우는 것이 글쓰기입니다.

낳고 기르고 키우고 돌보는 일이 일생이듯, 글(쓰기) 또한 낳고 기르고 키우고 돌보아야 합니다. 이 낳고 기르고 키우고 돌보는 일을 한마디로 사랑이라 합니다. 사랑이 없다면 이 모든 것이 불가능합니다. 삶의 정수(精髓)는 사랑입니다. 사도 바울의 말처럼 "사랑이 없다면 우리는 아무 것도 아닙니다." 우리네 삶과 연관된 정치, 경제, 도덕, 문화, 모든 영역의 밑바탕에는 이 사랑이 있어야 합니다. 사랑이 없는 세상은 죽이고, 버리고, 억누르고, 빼앗는 세상입니다. 사랑 없는 정치, 사랑 없는 경제, 사랑 없는 도덕, 사랑 없는 문화는 그래서 위험합니다. 정치에 사랑이 없으면 독재(獨裁)가 되고, 경제에 사랑이 없으면 독점(獨占)이 되고, 도덕에 사랑이 없으면 독선(獨善)이 되고, 문화에 사랑이 없으면 독성(瀆聖)이 됩니다. 거룩함은 사라지고 독성(毒性)만 남습니다. 독성은 사람을 고양시키지 않고 마비시킵니다. 죽게 만듭니다.

글쓰기 역시 자신을 사랑하는 것에서 출발하여 타자를 사랑하는 것으로 확장하는 것입니다. 자신의 삶을 돌보듯이 독자의 삶을 돌보는 것입니다. 자신을 돌아보고 타자를 돌아보는 일입니다. 돌봄과 돌아봄은 결국 하나입니다. 사랑입니다. 글쓰기의 목표는 결국 사랑입니다.

자유, 나로부터 시작하기

남을 아는 것보다 중요한 것은
자신을 아는 것입니다.

자유는 한자로 自由라고 씁니다. 스스로 자(自), 말미암을 유 (由). '말미암다'라는 말은 "어떤 현상이나 사물이 원인이나 이유가 되다."라고 풀이됩니다. 글자로만 치면 스스로가 원인이나 이유가 되는 것이 자유(自由)입니다. 자기가 원하는 것을 마음대로 한다는 통속적인 뜻보다 깊고 생각할 것이 많습니다. 스피노자는 노예와 자유인을 구분하면서, 자유인은 "나의 행동이 나 밖의 것에 의해서 좌우되지 않고 스스로의 내적 원인에 의해서 결정되도록 한다"라고 말합니다. 이와는 달리 외적 원인에 따르면, 즉 남이 시켜서 행동하면 노예가 됩니다.

글쓰기에서의 자유도 마찬가지입니다. 자신의 내적 동기에 의

해서 촉발되는 능동적 글쓰기는 쉽사리 지치지 않습니다. 과제물로 주어진 글쓰기와는 양상이 다릅니다. 남이 시켜서 억지로 해야만 하는 글쓰기는 죽을 맛입니다. 많은 사람들이 글쓰기를 싫어하는 이유도 어릴 적부터 스스로 원해서 글을 쓰지 않고 억지로 시켜서 글을 썼기 때문입니다. 심지어 가장 내적이고 자발적인 일기조차 과제물로 검사를 받아야 했으니 할 말 다한 거죠. 말문이 막히고 생각의 길이 끊어지게 됩니다.

비록 작가의 글쓰기가 보이기 위한 글쓰기이기는 하지만, 그 출발은 언제나 작가 자신의 내적 동기에 따른 것이어야 합니다. 따라서 당연히 글쓰기의 정신은 '자기 정신'입니다. 대학에 들어가 처음으로 글쓰기를 배울 때 글쓰기 선생이 가장 많이 강조한 것이 "자기 자신이 되라(Be yourself)!"라는 것이었습니다.

그런데 이 '자기 자신 되기'가 그리 쉽지만은 않습니다. 다른 것들은 박물지(백과사전)적으로 많이 알고 있는데, 정작 자기 자신에 대해서는 많이 알지 못합니다. 고대 아테네 신전 앞에 "너 자신을 알라"라고 쓰여 있어, 소크라테스는 평생을 이 경구를 삶의 모토로 삼고 살았지만, 소크라테스가 가장 많이 한 말은 "잘 모르겠다"는 것이었습니다. 오죽했으면 "나는 내가 모른다는 것을 안다"가 그의 가장 유명한 말이 되었겠습니까? 어찌되었든 소크라테스는 자신을 아는 것을 평생의 과제로 삼고 살다가 죽었습니다.

노자 역시 《도덕경》33장에서 이렇게 말합니다. "남을 아는 사람은 지혜롭고(知人者智), 자신을 아는 사람은 밝다(自知者明). 남을 이기는 사람은 힘이 세고(勝人者有力), 자신을 이기는 사람은 강하다(自勝者强)." 글쓰기에는 많은 기능이 있지만, 가장 중요한 기능은 '자기성찰'입니다. 행여 자신이 편견에 사로잡혀 있거나, 단견을 진리라 착각하거나, 자신이 원하는 것만을 확증적으로 반복하지는 않았는지 반성해 볼 일입니다. 외눈박이 시선으로는 남 뿐만 아니라 자신조차 볼 수 없습니다. 글쓰는 자유인이 되는 것이 쉬운 일은 아닙니다. 그렇지만 퍽이나 매력적인 일인 것만은 분명합니다. 항상 자유롭고, 자신을 아는 밝은 사람이 되십시오.

작가라야 글을 씁니다

글을 보면 작가를 알 수 있습니다.
자식을 보면 어미를 알 수 있듯이
설명이 필요없습니다.

2020년에 출간한 《책 쓰는 책》에서 나는 "글을 써야 작가가 되는 것이 아니라, 작가라야 글을 쓴다"라고 말한 적이 있습니다. 거기서 못다 한 이야기를 해야겠습니다. 나는 작가는 두 부류가 있다고 생각합니다. '내면의 작가'와 '외부의 작가'로. 이 둘은 맞짝이 됩니다. 우리가 통상 '작가'라고 말하는 사람은 '글로 자신을 증명한 사람'이라는 외부적 공인을 조건으로 합니다. 자신의 책을 내거나, 적어도 인정받는 매체에 자신의 글이 실린 사람이 명실상부 '작가'라는 호칭을 받는 것이지요. 나 말고 바깥에서 인정해줘야 작가라고 생각할 때, 나는 이를 '외부의 작가'라고 말합니다.

이와 달리 '내면의 작가'는 외부적 경쟁을 통해 얻어내는 승리의 타이틀이 아니라, 스스로 자신에게 부여하는 자존(自尊)의 타이틀입니다. '내면의 작가'는 '외부의 작가'와 경쟁하는 것이 주된 활동이 아니라, 자신을 들여다보는 것을 주된 활동으로 합니다. 철학에서는 이를 '성찰'이나 '반성'이라 말합니다. 성찰의 특성은 진실성에 있습니다. 진실성이란 거짓이 없다는 것입니다. 남을 속일 수는 있지만, 자신을 속일 수는 없습니다. 자신의 모습을 있는 그대로 보는 것이 진실성입니다. 진실한 작가는 자신의 모습을 그대로 글에 드러냅니다.

이 진실성은 온전성과 통합니다. 작가는 글을 통해 완전한 자신이 아니라 온전한 자신을 드러내려고 노력해야 합니다. 완전성(完全性, completeness)이 흠 없이 완성된 모습이라면, 온전성(穩全性, wholeness)은 흠이 있는 진실된 모습입니다. 완전이 선(善)만 있는 상태라면, 온전은 선악(善惡)이 공존하는 상태입니다. 심리학자 융이 말한 빛과 그림자의 모습처럼 말입니다. 자신의 그림자를 지우고 빛만 드러내는 것은 진실이 아닙니다. 온전한 글쓰기는 자신의 선과 악, 빛과 그림자 양면을 전체적으로 드러냅니다.

그렇게 드러난 글을 보며 독자는 공감과 용기를 얻습니다. 독자 역시 선과 악이 공존하는 인간이기 때문입니다. 마치 거울을 보는 것처럼 독자는 작가의 글을 통해 자신의 모습을 보게 됩니다. 자신만이 어두운 사람이 아니라는 것을 느끼면서 공감과 위로를 받습니다. 그리고 그 어두운 면에도 불구하고 밝은 면을 보여주는 작가의 모습을 통해 힘과 용기를 얻습니다.

'내면의 작가'는 자신의 이름으로 책을 내든 말든, 자신의 이름자가 박힌 매체가 있든 없든, 누구나 자신의 모습을 진실되게 바라보고 용기있게 자신의 모습을 글로 드러내는 사람입니다. 내면의 작가는 외부의 작가보다 훨씬 근원적이고 중요합니다. 자신을 감추고, 남을 속이고, 문장을 꾸며 글솜씨를 뽐내고, 명예와 돈을 추구하는 작가가 넘치나는 세상이라면 더욱 그렇습니다.

꾸밈보다 중요한 것

지나치게 화려한 글은 물립니다.
작은 앎을 전달하십시오.
그것이 가장 큰 것입니다.

글쓰기 수업을 할 때 책을 쓰고자 하는 글벗의 고민 중에 가장 큰 두 가지는 다음과 같습니다. 첫째, 나는 전문적인 지식이나 특출난 경험이 없는데 책을 낼 수 있을까? 둘째, 나는 전문적인 작가처럼 문장력이 뛰어나지 않은데 책을 쓸 수 있을까? 첫째가 내용의 문제이고 둘째는 형식의 문제인데요, 저 역시 늘상 고민하는 문제이기도 합니다. 하지만 같이 글을 쓰는 친구에게 나는 항상 이렇게 말합니다. "그럼요. 할 수 있지요. 할 수 있고말고요." 이렇게 말하는 근거를 좀더 말해야겠네요.

첫째, 전문적인 지식이나 특출난 경험을 강조하는 것은 엘리트주의(elitism)의 병폐입니다. 엘리트주의는 소수의 지배자와 그렇지 못한 대중으로 구분하고, 지배자에게 통치를 맡기는 것이 당연하다고 여기면서, 계층적, 하향적 통치질서를 중시하는 입장입니다. 문단에서도 그래서 학벌을 따지고 학연을 강조하는 못된 인간들이 많습니다만, 이는 극복되어야 할 것이지 지향해야 할 태도는 아닙니다. 물론 전문적인 지식을 전달해야 하는 책에서는 전문성이 가장 핵심적 가치가 되겠지만, 세상의 책은 전문서만 있는 것은 아닙니다. 전문적인 지식이 없더라도 삶에 충실한 사람은 누구나 글을 쓰고 책을 내는 세상이 되었습니다.

특출한 경험 역시 마찬가지입니다. 평범을 넘어선 비범한 삶을 사는 사람이 간혹 있기는 합니다만, 평범한 삶이라고 특출나지 않은 것은 아닙니다. 각자에게는 자신의 고유하고 개성있는 삶이 있고, 그 고유성과 개성이야말로 특출의 조건이 됩니다. 평범한 일상을 비범한 눈으로 바라볼 수 있을 때, 자신의 고유한 경험을 정성껏 관찰하고 기록할 수 있기만 해도 충분히 책이 됩니다.

둘째, 뛰어난 문장력은 타고난 것이 아니라 훈련의 과정을 통해서 얻게 되는 노력의 산물입니다. 본래부터 글을 잘 쓰는 사람은 아주 드물다는 말이지요. 우리가 존경하는 작가들도 습작의 시절이 있었고, 자신의 쓴 글을 수십 번 고쳐 쓰는 퇴고의 과정을 거칩니다. 즉 문장력은 과정의 산물(産物)이지 천상의 선물(膳物)이 아니라는 말이지요. 뛰어난 문장력이 오히려 글을 망치는 경우도 있습니다. 뚝배기보다는 장맛이라고 문장이 그릇이라면 내용이 장입니다. 아무리 문장력이 좋아도 그 내용이 부실하고 거짓되다면 아무짝에도 쓸모없는 글이 되고 맙니다. 내용 없이 화려한 문장으로 승부하는 글은 금세 물리고 맙니다.

많이 안다고 글을 잘 쓰는 것은 아닙니다. 적게 안다고 글을 못 쓰는 것도 아닙니다. 앎의 크기는 글쓰기와 직결되지 않습니다. 자신의 앎이 적어도 그 앎을 소중하게 간직하면서 삶을 통해 살아가면 됩니다. 멋진 문장, 화려한 문장이 좋은 글은 아닙니다. 소박한 문장, 담담한 문장으로도 얼마든지 공감과 감동을 얻을 수 있습니다. 자신에게 없는 것을 부러워하지 말고, 자신에게 있는 작은 것이라도 소중하게 키우고 가꾸는 게 백 번 낫습니다.

살림의 글쓰기

좋은 글은 자신을 살리고 이웃을 살리고 세상을 살립니다.
사라지지 않습니다.

작가는 누구를 위해 글을 쓸까요? 무엇보다 작가는 자신을 위해 글을 씁니다. 자신의 마음 깊은 곳에서 쓰려고 하는 의지가 없다면, 글을 통해 자신을 드러내려는 마음이 없다면 작가는 결코 글을 쓸 수 없습니다. 쓰지 않습니다. 그렇다고 자기를 자랑하기 위해서 글을 쓰는 것은 아닙니다. 자기 자랑은 쓸 때에는 멋있어 보이지만 쓰고 나면 허망해집니다. 남들이 해야 할 칭찬을 자화자찬하는 것만큼 어리석은 일은 없습니다.

그러면 자신을 위해서 글을 쓴다는 말은 무엇일까요? 자기회복력을 위해서 쓴다는 말입니다. 자신을 제대로 바라보고, 자신을 진단하고, 자신을 위로하고, 자신을 치유하기 위해서 글을 씁니다. 넘어진 자신을 일으켜 세우고, 지친 자신을 쉬게 하며, 왜곡된 자신을 바로잡아 자신의 속도를 되찾고 자신의 삶을 살아가게 하는 것입니다. 글쓰기는 치유와 교정의 기능이 있습니다.

옛사람들이 말하는 수신(修身)이 바로 그런 의미입니다. 공자도 말했습니다. "옛사람들은 자신을 위해 공부하는데, 요즘 사람들은 남을 위해 공부하는구나." 글쓰기라고 다르겠습니까? 무엇보다 자신을 위해서 글을 쓰는 것입니다.

그런데 자신을 위한 글쓰기가 놀랍게도 이웃을 살리고, 세상을 환하게 만듭니다. 《대학》의 저자도 이를 알아서, "자신을 닦으니 집안이 가지런해지고, 집안이 가지런하니 나라가 다스려지고, 나라가 다스려지니 세상이 평화롭게 된다."라고 말한 것입니다. 어둠이 빛을 가릴 수 없듯이, 빛은 널리 퍼져나갑니다. 깨끗이 닦은 거울이 밝게 비추듯이, 잘 닦여진 마음은 세상을 온전히 비춰줍니다. 자신을 소중하게 여기고, 자신에게 친절함을 베풀면, 그 마음이 맑아져 빛처럼 거울처럼 환하게 됩니다.

요즘 사람들은 이를 '선한 영향력'이라고 말하더군요. 선과 악은 칼로 무 자르듯이 명료한 구분선을 긋기 어렵지만, 성찰과 치유와 교정, 그리고 새롭게 시작하는 용기를 불러 일으키는 글이 좋은 글입니다. 남을 죽이면서 자신을 살리는 글이 아니라, 자신이 살면서 남도 살리는 글이 좋은 글입니다. 유도의 창시자 카노 지고로는 유도의 이념을 이렇게 말합니다. "맑은 힘을 선하게 사용하라. 자신뿐만 아니라 남들도 함께 빛나게 하라.(精力善用, 自他共榮)" 이렇게 선한 영향력을 가진 모든 활동은 모두를 살리고 모두를 빛나게 합니다.

위로와 힘이 되는 글

따뜻한 글은 배고픈 독자의 양식이요
아픈 독자의 은신처입니다.

큰 고통을 가라앉히는데 큰 쾌락이 필요한 것이 아닙니다. 작은 위로라도 큰 고통을 위무(慰撫)할 수 있습니다. 장례식장에서 슬퍼하는 유가족들에게 위로와 힘이 되는 것은 죽음에 반대되는 엄청난 사건이 아니라, 조용히 손을 잡아주거나, 따뜻한 커피 한 잔을 건네는 것만으로도 족할 수 있습니다. 그 속에는 동정이 아니라 연민의 마음이 있습니다.

동정이 나오는 다른 상대방에 대해 '불쌍히 여기는 것'이라면, 연민은 상대방과 '함께 고통을 나누는 것'입니다. 높은 위치에서 상대방을 끌어올리는 것이 아니라, 상대방의 위치로 내려가 그들과 함께 하는 것입니다. 《감옥으로부터의 사색》을 쓴 신영복 선생의 용어로 말하면 '하방연대(下方連帶)'입니다. 상대방의 처지와 동떨어진 사람은 결코 위로와 힘을 줄 수 없습니다. 상대방과 같은 처지에 놓이는 것이 중요합니다. 입에 단 글, 꿀이 떨어지는 글이 위로와 힘이 되는 것이 아닙니다. 진실한 마음이 전달되는 글이 위로와 양식이 됩니다.

또한 위로와 힘이 되는 글을 쓰려면 가르치려는 입장에서 벗어나야 합니다. 위로와 힘은 유식(有識)과 무식(無識)의 문제가 아닙니다. 유식은 정보전달에는 중요한 능력이지만, 위로와 힘을 주는 능력은 아닙니다. 지식보다 중요한 것이 공감능력입니다. 지적 능력이 아니라 정서적 능력이지요. 머리에서 머리로 연결되는 것이 아니라 가슴에서 가슴으로 연결되는 것입니다.

하지만 감정의 과잉은 조심해야 합니다. 장례식장에서 유가족보다 더 슬퍼하거나 크게 울면, 오히려 유가족에게 부담이 됩니다. 넘치면 안 됩니다. 마찬가지로 위로와 힘이 되는 따뜻한 글이 감정의 과잉으로 가는 것을 조심해야 합니다. 신파가 되어서는 안 되는 거지요. 위로는 뜨거운 것이 아니라 따뜻한 것입니다. 적절하고 절제된 감정이 담기면 됩니다.

배고픈 사람에게 필요한 것은 산해진미가 아니라 빵 한 조각일 수 있습니다. 상처입은 사람에게 필요한 것은 일류호텔이 아니라 치료를 받을 수 있는 작은 공간입니다. 위로와 힘이 되는 글은 이렇게 작지만 따뜻한 체온과 마음이 전달되는 글입니다. 미사여구가 아니라 진실함입니다. 가르침이 아니라 연대함입니다. 동정이 아니라 연민입니다. 큰 목소리가 아니라 다정한 목소리입니다.

작가는 독자와 함께 춤을 춥니다

독자를 이기는 문장을 쓰지 말고
독자가 이기는 문장을 쓰십시오.

살다보니 수많은 영화를 보았지만, 그중에서도 내가 선호하는 영화는 교육과 예술을 소재로 하는 영화였습니다. 특히 춤이 나오는 영화는 그 아름다운 동작들에 넋이 빠지곤 했는데, 그중에서도 기억에 남는 영화가 야쿠쇼 고지가 주연한 〈셀 위 댄스〉와 알 파치노가 주연한 〈여인의 향기〉입니다. 두 영화 다 전문 춤꾼들의 춤이 아니라, 교사(전문가)와 학생(초보자)이 춤을 추면서 인생을 배우는 영화인데, 춤을 잘 추는 교사는 학생의 수준에 맞춰 춤을 이끌어갑니다. 이때 교사의 리드 실력이 바로 학생의 실력을 늘게 하는 포인트인데, 좋은 교사는 자신의 실력을 뽐내지 않고 학생의 상태에 맞춰 춤을 추게 합니다. 그러면 어느새 학생은 춤에 흥미를 느끼고 춤에 빠져들게 됩니다. 〈쉘 위 댄스〉에 나오는 직장인이자 중년의 나이인 남자 주인공이 사교댄스에 빠져 시도 때도 없이 장소 불문하고 춤을 연습하는 장면은 웃음을 자아내게 하지요.

꼭 맞는 유추는 아니지만 교사와 학생, 전문가와 초보자의 관계가 작가와 독자의 관계와 유사하다는 생각이 듭니다. 작가는 자신의 생각을 독자에게 전해야겠지만, 그 방식이 일방적이어서는 안됩니다. 마치 두 사람이 춤을 추듯이 서로의 스텝을 맞춰가며 독자에게 글에 대한 흥미를 유발시켜야 합니다. 일단 글에 대한 흥미가 유발되면 어느새 독자는 스스로 글을 읽게 될 것입니다. 마치 춤에 빠져든 남자 주인공이 시도 때도 없이 춤을 연습하듯이, 글에 빠져든 독자는 시도 때도 없이 장소불문하고 글을 읽게 될 것입니다. 독자를 능가하는 글쓰기가 아니라 독자가 빠져드는 글쓰기를 해야 합니다.

책의 성공⑴은 3T에 달려있다는 말을 듣습니다. 시기(time), 제목(title) 그리고 마지막으로는 독자층(target)입니다. 마지막 독자층에 주목하자면, 내가 쓰고 있는 글을 누가 읽을 것인가? 누구에게 읽힐 것인가를 염두에 두고 글을 써야 한다는 말이겠지요. 세대와 성별을 초월하여 읽히는 작품도 있지만, 특정 세대와 성별을 주 독자층으로 삼고 작품을 쓰는 것이 유용합니다. 일종의 눈높이 집필이라 할 수 있겠는데요, 작가가 독자의 낮은⑴ 수

준으로 내려가서 글을 쓰라는 것이 아니라, 글이 다루는 분야에 대해 낯선 독자들을 염두에 두고 쓰라는 말이라 생각합니다. 작가는 독자와 춤을 추듯이, 차근차근 흥미를 유발시키면서, 나중에는 독자가 스스로 글에 빠져드는 글을 쓰면 대성공입니다.

작가로 산다는 것

진리는 복잡하지 않습니다. 삶 역시 마찬가지입니다.
핵심을 보존하고 허식虛飾을 피하십시오.

작가로 산다는 것은 그 자체로 대단하지도 위대하지도 않은 그저 평범한 것입니다만, 몇가지 특징이 있을 법도 합니다. 뭐 제 생각이긴 합니다만 정리해보겠습니다.

글을 쓰기 위해서는 될 수 있으면, 되도록 단순한 삶을 사는 것이 좋습니다. 주변에 우리를 유혹하는 것들이 퍽이나 많습니다만, 작가는 그중에서 글쓰기에 유혹된 사람입니다. 그 유혹에 충실하려면 많은 것들을 줄일 수밖에 없습니다. 이것도 하고 저것도 하고 나서 그래도 시간이 남으면 글을 쓰는 것이 아니라, 무엇보다 먼저 글을 쓰는 일을 우선시하는 것이 작가입니다. 그러니 주변의 소란에 동요하지 않는 자세를 가질 필요가 있습니다. '유행 따라 사는 것도 제멋이지만' 작가는 유행보다는 자신의 루틴에 충실한 삶을 살 필요가 있습니다. 글을 쓸 때는 선방의 스님이 묵언수행을 하듯이 조용히 글에 침잠하는 게 좋습니다.

글을 쓰기 위해서는 호기심이 많아야 합니다. 그리고 그 호기심의 근원에는 "내가 아는 것이 맞나? 혹시 내가 알고 있는 것이 틀릴 수도 있어."라는 통찰이 있습니다. 미지(未知)와 기지(旣知) 사이에서 생기는 이 묘한 긴장감은 작가에게 좋은 양분이 됩니다. 교만함에 빠지지 않으면서도 지적 충족을 위해 늘 노력하는 사람이 됩니다. 작가는 자신이 머문 곳에 만족하지 않습니다. 불만을 품고 있다는 말은 아닙니다. 자신의 세계에 갇혀 있지 않다는 말이지요. 호기심은 늘 열린 세계로 향합니다.

한편 작가는 뭔가 주기를 좋아하는 사람입니다. 작가의 글은 선물과 같습니다. 선물의 기본 정신은 환대이지 교환이 아닙니다. 글을 쓸 때 선물을 주는 기분으로 써야 잘 써집니다. 대가를 바라고 글을 쓰다보면 글이 잘 안 써지는 경우가 많습니다. 물론 글에 대가가 없는 것은 아닙니다. 작가도 이슬만 먹고는 살 수 없으니까 생계를 유지하기 위해서라도 기회만 된다면 좋은 조건에 원고를 쓰는 것이 좋습니다. 그렇지만 그런 조건에서만 글을 쓴다면 글 쓸 기회도 적어질 뿐더러 쓰고 싶은 글도 쓸 수 없게 됩니다. 받는 것보다는 주는 것을 좋아하는 사람처럼 글을 쓰십시오.

단순한 삶, 호기심 넘치는 삶, 선물하는 삶은 물론 작가만의 특징이 아닙니다. 예수나 부처와 같은 위대한 사람도 이러한 특징을 갖추고 있습니다. 처음에는 작가로 산다는 것이 그 자체로 대단하지도 위대하지도 않은 그저 평범한 것이라고 말해놓고, 이제와서 위대한 사람의 특징과 공명하고 있다고 말하니 모순된 듯합니다. 이 모순을 지우는 마지막 문장을 써야겠습니다. 평범한 것은 위대합니다. 진리는 복잡하지 않습니다. 삶 역시 마찬가지입니다. 단순하고 평범한 그것을 지속적으로 실행하는 것이 바로 위대함입니다. 작가는 그렇게 평범하고 위대합니다.

글을 쓸 때

모든 것이 소재입니다

작가는 아름다움뿐만 아니라 추함도 보아야 합니다.

더 나아가 아름다움 속의 추함과

추함 속의 아름다움도 볼 수 있어야 합니다.

빛이 강할수록 그림자도 짙듯이, 세상 만물은 하나의 모습만을 갖고 있지 않습니다. 일찍이 동양에서는 이를 음양론으로 설명했습니다. 음양론은 음과 양이 서로 대립만 하는 것이 아니라, 서로에게 의존하는 관계를 보여줍니다. 갈등과 조화, 이 중 어느 것 하나를 특권화할 수 없습니다. 갈등 속에 조화가 있고 조화 속에 갈등이 있습니다. 노자는 아름다움과 추함, 착함과 착하지 않음, 있음과 없음, 어려움과 쉬움, 길고 짧음, 높음과 낮음, 앞과 뒤의 대립만 보지 말고 관계를 보라고 말합니다.

우리가 보통 미학(美學)이라고 말하는 aesthetics는 18세기 유럽의 바움가르텐이 만든 독일어 'Ästhetica'를 일본에서 번역하여 우리에게 전달한 것입니다. 번역이 미학이라 '아름다움만'을 다루고 있는 것 같지만, 본래 의미는 '감성학'입니다. 이성은 논리적이고 객관적이고 체계적인데 감성은 비논리적이고 주관적이고 임의적이라고 생각하는 당대의 태도에 반기를 들고, 감성도 학문으로 정초(定礎)할 수 있다고 보았던 셈이지요.

스피노자는 인간의 감성을 크게 기쁨과 슬픔으로 나누고, 이를 세분화하여 이에 대한 태도를 윤리적으로 정초한 《에티카》를 쓰기도 했습니다. 동양에서는 성정(性情)으로 나누고, 본성과 감정의 관계를 탐구하기도 했습니다. 희로애락애구욕(喜怒哀樂愛懼欲), 즉 기쁨, 분노, 슬픔, 즐거움, 사랑, 두려움, 욕망 등을 유학은 깊이 탐구했습니다.

글쓰기도 마찬가지입니다. 하찮은 감정이나 사소한 일은 없습니다. 남들이 보기에 별것 아닌 것 같은 이야기도 파고들면 무궁무진한 이야깃거리를 제공합니다. 세계적인 명작으로 알려진 프루스트의 《잃어버린 시간을 찾아서》는 주인공이 홍차에 적신 마들렌을 맛보면서 옛날의 기억을 떠올리는 것으로 시작합니다. 우리의 일상사 자체가 무궁무진한 이야깃거리입니다. 세상 만물 모든 것이 소재입니다. 먼 곳이나 진기한 것에서 글감을 찾지 마십시오. 눈뜨면 보이는 것, 손만 뻗으면 닿는 곳에 글감이 있습니다. 어느 것이든 선택하여 겉과 속, 형식과 내용, 의미와 가치를 발견해 보십시오. 위대함은 평범함에 있음을 알게 될 것입니다.

빵과 같은 책을 쓰십시오

베스트셀러를 떠받들지 마십시오.

허영에 사로잡히지 말고

실제로 도움이 되는 책을 쓰십시오.

빵과 같은 책을 쓰십시오.

빵처럼 팔린 책이 있습니다. 프랑스 철학자 푸코가 쓴 《말과 사물》입니다. 1966년 여름, 이 책이 서점가에 깔리자 거짓말처럼 초판 3천 5백 부가 즉시로 팔렸지요. 1990년대 중반까지 프랑스에서만 10만 권 이상이 팔렸다네요. 프랑스인들의 지적 허영이었는지는 모르지만, 전문가가 읽어도 고개를 갸우뚱하게 만드는 철학 서적이 이처럼 많이 팔린 것은 거의 기적에 가까운 일이 아닐 수 없습니다.

이 책은, 한 시대에는 그 시대의 인식을 지배하는 특정한 틀이 있으며, 그 틀은 시대마다 불연속적이라는 것을 논술한 책입니다. 딱히 들어맞는 예는 아니지만, 조선시대에는 신분이 그 시대의 인식을 지배했다면, 현대에는 개인이 시대의 인식을 지배한다고 말할 수 있겠네요. 현대사회에서 어떤 인간이 '양반입네' 하며 자신을 인정해달라고 하는 것은 마치 돈키호테가 풍차를 거인으로 착각하고 돌진하는 것과 같이 어리석은 일이지요. 푸코의 이 책에는 인간을 중심으로 한 인식 또한 특정 시대의 틀이기 때문에 "인간은 바닷가 모래사장에 그려 놓은 얼굴처럼 사라질지 모른다"라는 유명한 문장이 씌여있습니다.

이 책은 아주 예외적인 사례겠지만, 어쨌든 한 시대의 베스트셀러는 그 시대를 살아가는 대중의 정서를 잘 반영하고 있습니다. 판매량으로는 성공을 거둔 것이 베스트셀러지요. 하지만 양(量)의 성공이 반드시 질(質)을 보장해주는 것은 아닙니다. 무릇 유행하는 것에는 거품이 생기기 마련이라, 그 거품이 걷어지고 나서도 질적으로 살아남을지는 모를 일입니다. 그래서 나는 베스트셀러에 해당하는 책은 유행하는 시기에는 보류해두었다가, 그 책의 생존방식을 보면서 후에 구매 여부를 결정하게 되지요. 양서(量書)가 반드시 양서(良書)가 되는 것은 아니니까요.

어쨌든 이는 판매와 관련된 문제이고, 작가가 글을 쓸 때, 처음부터 베스트셀러를 목표로 삼는 경우는 거의 없습니다. 밥이나 빵이 몸의 양식이듯, 자신이 쓴 책이 마음과 영혼의 양식(糧食)

이 되기를 바랄 뿐입니다. 나이가 들어 면역력이 떨어지면서 어떤 음식은 몸에 부정적인 반응을 일으킵니다. 그래서 나이가 들어서는 젊었을 때처럼 함부로 먹지 않게 되지요. 독서 역시 마찬가지입니다. 젊었을 때는 닥치는 대로 읽었지만, 나이가 들어서는 책을 고르는 데 조금은 신중해졌습니다. 그래서 좋은(?) 책을 골라 읽다 보면 좋은 글들이 보이고, 좋은 글을 쓰고 싶다는 생각을 더욱더 하게 됩니다. 기왕에 책을 쓸 거라면 빵과 같은 책을 쓰고 싶어지는 거지요. 같은 빵이라도 인공조미료나 인공색소, 방부제가 들어가지 않은 질 좋고 영양가 풍부한 유기농 빵 같은 책을 쓰고 싶어진답니다. 내 소중한 사람들의 마음과 영혼이 먹을 음식인데 소홀히 해서는 안 된다는 생각이지요.

중심이 있어야 오래 갑니다

장황하게 쓰다보면 핵심을 놓칠 수가 있습니다.
화려함보다는 중심을 잡으십시오.

수필(隨筆)이란 장르는 "일정한 형식을 따르지 않고 느낌이나 체험을 생각나는 대로 쓴 산문 형식의 글"이라는 사전적 정의를 가지고 있습니다. 형식적 구애를 받지 않는 점, 느낌이나 체험을 생각하는 대로 쓴다는 점은 모두 자유(自由)와 관련되어 있습니다. 게다가 시처럼 운율을 맞추어야 하는 운문이 아니라 산문의 형식이니 아마도 문학 장르 중에서 가장 자유로운 글쓰기가 바로 수필이겠네요.

그래서 수필을 쓸 때는 좀 더 마음이 편하게 쓸 수 있다고 생각하는데 이건 착각입니다. 아무리 자유로운 형식의 장르라고 하더라도, 남에게 읽히기 위한 글은 일정한 방향을 가지고 있어야 합니다. 우왕좌왕하다 보면 방향을 놓치기가 십상입니다. 수필에도 제약이 있습니다. 일정한 분량이 있고, 직접적이지는 않더라도 전하고픈 메시지가 있기 마련이지요. 주어진 조건 안에서 자신의 느낌이나 체험을 담아 글을 써야 합니다.

　게다가 자유로운 글쓰기만큼 자유롭지 않은 글쓰기가 없습니다. 차라리 주제가 있으면 그것을 쓰면 되는데, 주제가 주어지지 않을 때의 난처함이란. 그래서 수필을 쓸 때는 한도를 정해놓고 쓰는 것이 편합니다. 한도(限度)라는 말속에는 수렴(收斂)이 숨어 있습니다. 자신이 한 말을 주워 담아야 한다는 뜻입니다. 농사꾼은 자신이 거둬들일 만큼 씨를 뿌립니다. 마찬가지로 작가도 글을 쓸 때 거둬들일 것이 얼마인지 측정해야 합니다. 거둬들일 생각은 하지 않고 무조건 많이 뿌리는 행위는 욕심입니다. 차라리 자기 깜냥에 따라 적절하게 뿌려야 합니다. 문장으로 표현하면 장황(張皇)하게 쓰면 안 된다는 이야기입니다. 장황한 글쓰기는 뒷마무리를 짓기 어렵습니다. 그래서 길고 화려한 문장보다는 짧고 소박한 문장을 쓰는 연습을 많이 해야 합니다. 억지로 꾸미려 하지 말고 본질에 육박하십시오. 팽이가 오래 돌기 위해서는 중심이 잡혀 있어야 하듯이, 글도 중심이 잡혀 있어야 긴장감을 유지하며 오래 갈 수 있습니다. 글쓰기도 중용(中庸)이 필요합니다.

글쓰기 근육을 만들어야 합니다

써도 써도 또 쓸 수 있는 몸을 만드십시오.
사라지지 마십시오.

지속적인 사랑을 하려면 자신의 사랑을 샘물처첨 만들어야 합니다. 《사랑의 기술》을 쓴 에리히 프롬은 '자기애'와 '이기심'은 다른 것이라고 말했습니다. '자기애'는 마치 샘물과 같아, 자기 속에 있는 맑은 물이 넘쳐 흘러도 절대 고갈되지 않지만, '이기심'은 마치 '밑 빠진 독'처럼 사랑을 받고 또 받아도 충족되지 못합니다. 진정으로 자기를 사랑하는 사람은 받는 사랑이 아니라 주는 사랑을 합니다. 넘쳐흘러도 마르지 않기 때문입니다. 하지만 이기심에 사로잡힌 사람은 사랑이 결핍되어 있어서 자신을 사랑할 수 없을뿐더러 진정으로 남을 사랑할 수도 없습니다. 사랑을 갈망하되 받는 사랑만을 갈망하며, 아무리 사랑을 받아도 만족하지 못하는 것이 이기적 사랑입니다.

글쓰기도 이와 같습니다. 아름다운 영혼과 자기를 사랑하는 마음을 가진 사람은 마치 샘물과 같아 써도 써도 다함이 없습니다. 몇 줄만 써도 고갈되어 버리는 영혼이란 없습니다. 자기를 사랑하는 사람은 쓸 것이 너무도 많습니다. 자신에게 쓸 것이 별로 없다고 생각하는 사람은 자신을 사랑하지 않는 사람입니다. 자신을 사랑하는 사람은 항상 쓸 것이 넘쳐납니다.

그렇다 하더라도, 글쓰기 실력이 갑자기 느는 것은 아닙니다. 에너지는 넘치지만, 그 에너지를 쓸 수 있는 기술을 배워야 합니다. 에너지를 축적하고, 모으고, 적절하게 분배하고, 잘 활용하는 것은 생래적인 것이 아니라 훈련에 의한 것입니다. 근육을 단련하려면 처음에는 가벼운 운동으로 시작했다가 근력을 강화하는 훈련과 휴식, 또 훈련과 휴식을 반복하여 키워야 하는 것처럼, 글쓰기 근육도 처음부터 무리해서 키우는 것이 아니라 처음에는 가볍게, 그리고 점차로 강도를 높여가면서 키워야 합니다. 무리하면 근육이 파열될 수 있으니 조심해야 합니다. 무리하지 않되 꾸준히 하는 것이 근육 강화 운동입니다.

처음에는 한 문장이라도 꾸준히 써보시기를 바랍니다. 그다음에는 200자 원고지 한 장이라도 채우는 훈련을, 그다음으로는 400자, 그 다음으로는 A4 용지 한 장 정도를, 그리고 두 장, 세 장, 이렇게 늘려가야 합니다. 처음부터 책을 쓸 수 있는 사람은 없지만, 꾸준히 글을 쓰다보면 책도 쓸 수 있습니다. 그리고 책 한 권을 써 본 사람은 두 권, 세 권 쓰는 건 일도 아닙니다. 무리하지 말고 천천히 글쓰기 근육을 단련하시길 바랍니다.

말하기가 아니라 보여주기입니다

넘치도록 쓰지 마십시오.
적당할 때 멈추십시오.
빈 공간을 만드십시오.

《이야기의 탄생》을 쓴 윌 스토의 말을 빌어 설명하겠습니다. "모든 작가는 어떤 독자를 타깃으로 정하든 간에 서사를 지나치게 통제하지 않도록 주의해야 한다." 독자를 혼란스럽게 만들고 방치하는 것도 위험하지만 설명을 아주 지나치게 늘어놓는 것 또한 위험하기 때문입니다. "인과관계는 말로 표현하기보다는 보여줘야 하고, 설명하기보다는 암시해야 한다"라고도 말하는데 그 이유는 설명을 하면 이야기에 대한 호기심이 사라지고 "독자나 관객은 지루해"지기 때문입니다. 게다가 이들이 이야기 속에서 소외될 수도 있습니다. "독자나 관객이 다음에 무슨 일이 벌어질지 자유롭게 예상하고 방금 그 일이 왜 일어났고 무슨 의미가 있는지에 자기만의 감정과 해석을 넣을 수도 있어야 한다"라는 말에서는 독자나 관객이 이야기에 자연스럽게 끼어들 수 있게 하는 것이 중요하다고 이야기합니다. 독자의 가치관이나 기억, 연결고리와 감정을 이야기에 끼워 놓는데, 이 요소들이 모두 스토리에서 적극적인 역할을 합니다. 어떤 작가라도 머릿속에 펼쳐진 세계를 타인의 마음에 완벽하게 녹아들게 할 수는 없습니다. 차라리 두 세계가 서로 맞물리고 "독자가 작품에 푹 빠지기만 해도 오직 예술에서만 가능한 힘의 공명이 일어날 수 있다"라고 말하는 편이 맞을 듯 싶습니다.

인과관계는 원인과 결과, 동기와 행동, 심리와 물리 만나는 중층적 관계망입니다. 경계선은 불투명하고 불분명합니다. 그러기에 설명할 수 없고 암시할 수 있을 뿐이지요. 설명이 빛의 영역이라면 암시는 어둠의 영역이라 할 수 있습니다. 표현(말하기)과 행동(보여주기)과의 관계도 그와 유사하지요. 말하기는 쉽지만 보여주기는 쉬운 것이 아닙니다. 말하기가 명료하다면 보여주기는 불명료합니다. 말해주는 것이 속이 시원해 보이지만, 속을 보여주는 것이 그리 쉬운 것은 아닙니다.

"말로 표현할 수 있는 진리는 진리가 아닙니다.(노재)" 빛은 날카롭고 어둠은 그윽합니다. 화광동진(和光同塵), 조명을 낮추어야 합니다. 노골적으로 말하지 마세요. 은은히 보여주세요. 공간을 논리로 채우지 말고, 말없이 보여주세요. 독자를 믿으세요. 독자가 채울 것입니다. 글쓰기는 작가와 독자의 공명에 의해서만 높고 깊게 울려 퍼집니다.

다 쏟아내지 마십시오

집의 쓸모가 공간에 있듯이 작품도 마찬가지입니다.
작가가 쓴 것은 안 쓴 것을 보여주기 위함입니다.

서양화에는 여백이 등장하지 않습니다. 무엇이든지 채워넣습니다. 그와 달리 동양화는 여백이 가장 중요합니다. 모든 것을 촘촘히 말해버리는 서양의 논리적 글쓰기보다, 정말로 중요한 것은 쓰지 못하고 멈추는 노자의 글쓰기에 더 친연성을 느낍니다. 머리로 글을 쓰는 것과 가슴으로 글을 쓰는 것의 차이라고 할까요? 말할 수 있는데 말하지 않는 것이 아니라, 말로는 표현할 수 없기에 말하지 않는 것일 수 있습니다. 다 보여주면 오히려 진실이 감춰질까 봐 수줍게 살짝 보여주는 것만으로도 충분하다고 생각할 수도 있습니다.

이러한 동양화의 여백의 효과는 윤곽선을 지우고 배경과 존재의 경계를 허물어 나와 타자를 이으려는 것입니다. 내가 자연으로 들어가고, 자연이 내 속으로 들어오는 이 무경계의 경지를, 나를 비워야 타자를 받아들일 수 있다는 도저한 정신을 표현하고 있습니다. 주체와 객체를 차갑게 가로지르는 사유가 아니라, 그래서 주체를 선언하고 객체를 대상화하는 이분법이 아니라, 정반대로 주체를 비움으로써 주체와 객체 모두가 자유롭게 되는 전일적 세계가 노자의 글쓰기에 담겨있습니다.

진리를 말하면 진리가 되지 못하는 경지, 말로 표현하면 말이 되지 않는 경지를 노자는 바라봅니다. 없음과 있음이 한 세계 속에 있습니다. 말함과 말하지 못함(또는 말할 수 없음, 또는 말하지 않음)이 다른 것이 아닙니다. 침묵의 언어가 가능하다면 바로 이러한 경지를 표현하는 언어가 되겠지요. 말하면 말이 안 되는 경지, 불립문자(不立文字)의 경지이기에 말을 허물고 소리를 지웁니다. 그곳에 꽃이 피고 조용히 미소가 떠오릅니다. 염화미소(拈花微笑)의 깨달음이 어찌 부처와 가섭만이 도달할 수 있는 경지겠습니까.

글쓰기도 그러합니다. 다 말하지 않습니다. 다 쓰지 못합니다. 내가 도달한 그 너머에 어둠이 있습니다. 그 어둠은 응시할 수 있으나 표현할 수는 없습니다. 슬픔이나 죽음은 다 말할 수 없습니다. 아득하여 그 주변만을 더듬을 수 있을 뿐입니다. 그러니 다 쏟아내지 마세요. 정작 중요한 것은 소중하게 감춰 두세요. 보여주고 싶은 것의 입구까지만 도달하세요. 그 문을 여는 것은 여러분의 몫이 아닙니다. "말할 수 없는 것은 침묵하라"라는 비트겐슈타인의 진술에서 차가운 실증주의를 읽어내는 사람도 있지만, 삶의 신비를 읽어내는 사람도 있답니다.

형식보다 내용입니다

문체에 현혹되지 마십시오.

마음을 살펴십시오.

글을 쓸 때 형식(문체)이 중요할까요, 내용이 중요할까요? 이러한 질문은 "아빠냐, 엄마냐"처럼 어리석은 것일 수 있습니다. 공자도 비슷한 질문을 받았는데요. 현명한 공자는 이렇게 대답합니다. "바탕이 외관보다 나으면 촌스럽고, 외관이 바탕보다 나으면 겉치레만 좋으니, 외관과 바탕이 적절히 잘 조화를 이룬 뒤에라야 군자이다(質勝文則野 文勝質則史 文質彬彬然後君子)."

그 유명한 '문질빈빈(文質彬彬)'이라는 사자성어가 여기에서 나왔는데요. 형식(文)과 내용(質)이 잘 조화로워야 한다는 것이지요. 정답인 거 같은데 뭔가 뒤가 켕겨요. 그래서 다시 묻습니다. 부득불 둘 중의 하나를 버려야 한다면? 무엇이 본질입니까? 포장은 화려한데 알맹이가 없다면? 사기 아닌가요? 그런데 글쓰기는 점점 형식미와 뭔가 더 세련된 문체를 구사해야 글을 잘 쓰는 사람이라고 평가 받습니다. 심지어는 문체가 그 사람의 개성을 드러냅니다고 믿기도 합니다. 겉은 번지르르한데 뭔가 헛헛하지 않습니까?

　노자라면? 형식의 위험성을 지적하면서 내용을 챙기라고 충고합니다. 노자의 《도덕경》 12장을 그대로 해석하면 다음과 같습니다. "온갖 색은 사람의 눈을 멀게 하고 / 온갖 소리는 사람들의 귀를 멀게 하고 / 온갖 맛은 사람들의 입을 망칩니다. / 말을 타고 사냥을 다니면 사람의 마음을 미치게 합니다. / 얻기 어려운 재물은 사람의 행실을 나쁘게 합니다. / 이런 이유를 성인은 배를 채울 뿐 꾸미지 않습니다. / 고로 형식을 버리고 실질을 취합니다.(五色令人目盲. 五音令人耳聾, 五味令人口爽, 馳騁畋獵令人心發狂. 難得之貨令人行妨. 是以聖人爲腹不爲目. 故去彼取此)"

　배고픔을 채우려면 맛이 있든 없든, 영양가가 있든 없든 음식이 있어야 합니다. 그것이 본질입니다. 배고픔이 근본적으로 해결되고 나서야 맛과 영양가를 찾습니다. 내용이 채워지고 나서야 형식을 고민하게 됩니다. 그 반대는 아닙니다. 그러니 예비 작가들은 끊임없이 자신의 배고픔을 채우기 위한 내용을 먼저 생산해야 합니다. 그 내용이 채워지면 형식이 고민됩니다. 맛과 영양가는 물론 중요합니다. 그러나 배고픔보다 중요하진 않습니다. 형식과 내용, 둘 다 고민하는 사람은 행복합니다. 아직 둘 다 고민이 안 되면 내용을 고민하십시오. 형식보다 내용이 먼저입니다.

슬로우 앤 스테디(slow & steady)

글이 잘 써질 때 달리지 마십시오.
글이 안 써질 때 주저앉지 마십시오.
천천히 고요히 집필하십시오.

"마감에 쫓기지 않는 명문은 없다."라고 누가 말했는지는 모르지만, 나는 동양철학자 김용옥에게서 들었습니다. 내 경우에도 마감일이 다가오면 긴장도가 높아져 더욱 빠르게 글을 쓰게 되지요. 거기에 정신력이 고양되면 제법 예상 밖으로 괜찮은 글이 생산되기도 합니다. 하지만 작가는 너무 글을 안 쓰는 것도 문제지만, 너무 글을 많이 쓰는 것도 문제가 될 수 있습니다. 심지어 미루어둔 과제를 해치우듯이 몰아서 글을 쓰는 것은 스릴이 넘칠지는 모르지만, 위험도 또한 높아서 자칫 사고로 이어질 가능성도 있고요.

하루키는 《직업으로서의 소설가》에서 원고지 20매를 일과로 삼는다고 썼습니다. 그는 잘 써진다고 더 쓰고, 안 써진다고 덜 쓰지 않도록 하루의 루틴을 마련했습니다. 직접 연습해보니, 체력이 낭비되지 않는 적절한 양입니다. 이 정도 양이라면 잔업 특근이나 철야가 필요하지는 않을 것 같습니다.

어찌 보면 금욕적일 듯 보이는 이 루틴을 설명하면서 하루키는 이런 말도 썼습니다. "미국 금주단체 표어에 'One day at a time(하루씩 꾸준히)'이라는 게 있는데, 그야말로 바로 그것입니다. 리듬이 흐트러지지 않게 다가오는 날들을 하루하루 끌어당겨 자꾸자꾸 뒤로 보내는 수밖에 없다. 그렇게 묵묵히 계속하다 보면 어느 순간 내 안에서 뭔가가 일어난다. 하지만 그것이 일어나기까지 어느 정도 시간이 걸린다. 당신은 그것을 참을성 있게 기다려야만 한다. 하루는 어디까지나 하루씩이다. 한꺼번에 몰아 이틀 사흘씩 해치울 수는 없다." 이로 미루어 보건대 하루키조차도 자기 루틴을 만드는데 참을성 있는 기다림을 필요로 했습니다.

하루키처럼 불변의 루틴을 만들어내는 것은 쉬운 일이 아닙니다. 그렇다고 쉽게 포기할 일도 아닙니다. 철저한 채식주의자인 비건은 못될지라도 그 언저리에서 자신에 맞는 식단을 구성하는 다양한 채식주의자처럼 살면 됩니다. 시간을 정해놓고 쓰는 것이 편한 사람은 집필 의욕이 가장 고조된 시간을 찾으면 되고요. 집필량으로 승부 보고 싶은 사람은 자신의 글쓰기 체력이 맞는 양을 정해놓고 일과 중 틈나는 대로 실천하면 됩니다. 이도 저도 아니면 조금씩 양을 늘리거나 시간을 늘리는 단계를 밟을 수도 있습니다. 저는 초보자에게는 세 번째 훈련법을 권합니다. 조금씩 양과 시간을 늘리는 방법이지요. 뭐가 됐든, 원리는 같습니다. 천천히, 그러나 꾸준히! 하나만 덧붙이자면 미루지 않고! 하나만 더 추가하자면, 실패했더라도 포기하지 않고 다시 한번!

자신을 돌보는 글쓰기

자신이 무엇을 위해 글쓰기를 시작했는지 항상 떠올리십시오.
잡생각으로 혼란하다면 처음으로 돌아가십시오.

어린 시절 어머니는 뜨개질을 좋아하셨습니다. 나는 빈번히 뜨개옷을 입어야 했습니다. 그런데 하루가 다르게 성장하던 때라 1년도 채 못 가서 옷이 작아졌습니다. 그러면 어머니는 다시 그 뜨개옷을 풀어, 수증기로 꼬부라진 실을 펴고, 다시 감아 실뭉치를 만들었습니다. 나는 풀어진 실을 합쳐진 검지와 중지에 휘휘 감아서 어느 정도 부피가 되면 손가락을 빼내어 작게 뭉쳐진 실뭉치 위에 다시 실을 감았습니다. 너무 세게 감으면 실이 끊어지거나 얇아졌고, 너무 느슨하게 감으면 실뭉치가 엉켰습니다. 적당한 강도로 실을 감는 게 요령이라면 요령이었지요. 어머니는 실을 감을 때 실도 숨을 쉰다면서 적당한 숨을 사이에 불어넣어야 한다고 말했습니다. 그렇게 엉켜진 실타래는 폭신폭신한 실뭉치가 되었습니다. 그 실뭉치를 실바구니에 넣고 살살 풀어가며 뜨개질하던 어머니의 모습이 눈에 선하네요.

엉클어진 실로는 뜨개질을 할 수 없습니다. 실은 숨을 쉬듯이 가지런히 뭉쳐있어야 풀립니다. 이와 마찬가지로 엉클어진 생각으로는 글을 쓸 수 없습니다. 엉클어진 생각을 가지런히 감아 두었다가, 살살 풀어야 글이 됩니다. 생각을 함부로 놀려서는 안 됩니다. 생각에 숨을 불어넣어야 합니다. 생각과 생각 사이에 틈이 있어야 풀립니다.

살다 보면 이런저런 일을 당해 생각이 엉망이 될 때가 있습니다. 생각이 엉망이 되면 일상도 엉망이 되지요. 생각이 엉망이 되면 집중도 되지 않습니다. 집중이 안 되는 데 글이 써질 리가 없습니다. 그럴 때는 조용한 시간을 만들어 마구 뛰노는 생각을 가라앉히고 꼬였던 생각을 가지런히 풀어 살살 감아야 합니다. 그렇게 생각의 뭉치를 폭신폭신하게 만들어야 글이 술술 풀리게 됩니다.

엉킨 생각을 푸는 것은 자신을 돌보는 행위입니다. 돌보는 것은 사랑하는 것입니다. 소중하게 생각하는 것입니다. 게다가 돌본다는 것은 '돌아본다'라는 뜻도 있습니다. 철학적으로는 성찰(省察) 또는 반성(反省)이라고 하지요. 자신을 엉망인 채로 두지 마세요. 자신을 돌보세요. 이렇게 말하니 글쓰기란 결국 자기 사랑이라 할 수 있겠네요. 아모르 모아(amor moi)! 자신을 사랑하는 것이 글쓰기의 처음입니다.

보이지 않는 독자를 향하여

거룩한 척, 아는 척, 정의로운 척하지 마십시오.
쓸데없는 말을 덧붙이지 마십시오.

작가의 자격은 뭘까요? 일차적으로는 글로 뭔가를 지어낼(作, write) 줄 아는 사람이겠지요. 그러면 무언가를 쓸 줄 알면 다 작가일까요? 고개가 갸우뚱하지요? 우리는 일기를 쓰는 사람을 작가라고 말하지는 않습니다. 편지를 쓰는 사람을 작가라고 말하지도 않지요.

일반적으로 글을 쓰는 사람과 작가의 가장 큰 차이는 독자가 있느냐 없느냐입니다. 물론 독자는 친구나 지인이나 가족처럼 제한적인 경우도 있습니다. 그렇게 제한적인 사람만 읽는다면 작가로는 부족합니다. 작가는 항상 '미지의 독자'를 가지고 있는 사람입니다. 내가 알지 못하는 사람이 내 글을 읽어도 된다고 생각해야 작가가 됩니다. 이 '미지의 독자'로 인해 긴장감이 생기지요. 나는 독자를 모르는데 독자는 글로나마 나를 알게 된다는 사실은, 부정적으로는 공포와 두려움으로 다가오기도 하고, 긍정적으로는 설렘이나 기대로 다가오기도 합니다.

독자에게 공포나 두려움을 느끼면 글을 쓸 수 없게 되겠지요. 적어도 미지의 독자에 대한 설렘이나 기대가 있는 사람만이 작가가 됩니다. 그래서 작가는 미지의 독자에게 자신을 선보이기 위해 이것저것을 준비합니다. 마치 미지의 미팅 상대방을 만나기 위해 이러저러한 옷을 입어보고, 매력적으로 보이기 위해 한껏 꾸미는 것처럼 말이지요.

그런데 꾸밈이라는 것이 2개의 차원이 있습니다. 겉모양을 꾸미는 것을 외적 차원이라고 하고, 속모양을 꾸미는 것을 내적 차원이라고 하지요. 작가에게 외적 차원은 글의 구성이나 문체가 되겠네요. 읽기 편한 글, 잘 구성된 글, 매력적이고 개성적인 문장은 작가의 글쓰기를 한껏 돋보이게 합니다. 문법에 맞지 않아 무슨 말인지 모르겠는 문장, 적절한 표현을 찾지 못하고 엉뚱하게 표현된 문장, 앞말과 뒷말이 자연스럽게 이어지지 않는 글은 작가에 대한 신뢰를 떨어뜨립니다. 그래서 작가는 문장을 강화하기 위한 훈련을 부단히 해야 합니다.

하지만 이보다 더 중요한 차원이 바로 내적 차원입니다. 대상을 바라보는 관점과 태도는 작가의 가치관과 인생관에서 나오는데, 이 작가의 가치관과 인생관에서 나오는 태도야말로 작가가 항상 수시로 살펴보고 가꿔나가야 할 평생의 과제입니다. 화장은 단순간에 할 수 있지만, 인격은 단순간에 형성되는 것이 아니니까요.

자신이 독자보다 우월하다고 생각하거나, 독자를 전지적 자리에서 아래로 내려다보는 태도는 결코 가져서는 안 됩니다. 작가와 독자는 평등의 지평에서 만나는 사이입니다. 서로 존중하고 아껴야 좋은 관계가 유지됩니다. 작가가 독자의 태도를 결정할 수는 없으니 작가는 자신의 태도만 결정하면 됩니다. 독자가 작가를 어떻게 대할지는 전적으로 독자의 몫이지요. 작가는 자신만을 알 뿐 독자를 모릅니다. 이 만남의 비대칭성 때문에 작가는 더욱 독자에게 겸손해야 합니다.

겸손이 비굴함이 아닌 건 아시지요? 겸손은 친절함입니다. 겸손은 존중입니다. 무엇보다 작가는 자신에게 먼저 친절하고 자신을 존중해야 합니다. 자기 사랑과 자기 긍지가 필요합니다. 자기 사랑과 자기 긍지는 과장이 필요치 않습니다. 자신의 나약한 점이나 부족한 점, 곤란한 점이나 어려운 점도 긍정합니다. 자신을 긍정하면서 솔직히 자기 모습이나 생각을 충실히 드러낼 때, 신뢰의 토대가 쌓입니다.

작가는 독자보다 잘난 사람이 아닙니다만, 독자보다 솔직한 사람이어야 합니다. 자신의 처지를 긍정하고 자기 생각을 진실하게 드러낼 때 독자는 그에게 손을 내밉니다. 미지의 독자들의 따뜻한 마음이 보이지 않는 곳에서 서서히 전달됩니다. 작가는 그 마음을 믿는 사람입니다.

지금 그 자리에서 글을 쓰십시오

분주히 움직이지 마십시오.
글쓰는 자리에 머무르십시오.
그곳에서 세상을 만드십시오.

작가마다 글을 쓰기 위한 버릇이 있습니다. 어떤 작가는 글을 쓰기 전에 한 시간 정도 산책을 합니다. 일종의 예열과정인데 자신이 쓸 글감을 걸으며 이리저리 굴려보는 것입니다. 그렇게 걷다보면 글감이 정리되어 글을 수월하게 쓸 수도 있습니다. 저도 몇 번 해본 적이 있는데, 나름 효과가 있습니다. 여기서 중요한 포인트는 걷기를, 잡생각을 없애면서 글쓰기에 집중할 수 있는 준비과정으로 사용해야지 걷기 자체에 집중해서는 안 됩니다. 니체는 이러한 걷기의 신봉자였습니다. 그의 《차라투스트라는 이렇게 말했다》라는 작품은 질스마리아의 길을 걸으며 사유한 내용을 적은 것입니다.

어떤 작가는 글을 쓰기 전에 사전 예식과 같은 루틴을 반복합니다. 책상을 치우고, 커피를 내리고, 조용한 음악을 켜는 등 글쓰기를 위한 최적의 조건을 만드는 것이지요. 마치 예배를 드리듯이 글을 쓰는 작가도 제법 많습니다. 소설가 김탁환도 작업실을 최적으로 만들어놓고 작업을 하는 사람입니다. 글쓰기 외에 어떤 방해도 받지 않으려는 강한 의지를 드러내는 거지요. 문제는 이렇게 사전 예식을 치르다가 정작 글쓰기에 돌입하지 못하면 말짱 헛수고입니다. 그러니 사전 예식은 단출하게 하는 것이 좋습니다. 글쓰기 준비는 글쓰기를 위한 전초단계이지만 필수단계는 아니니 너무 신경쓰지 않아도 됩니다.

저의 경우는 글을 쓰고 싶을 때 어떠한 단계도 거치지 않고 곧장 쓰는 편입니다. 책상이 지저분해도 별로 신경쓰지 않습니다. 단도직입(單刀直入) 글쓰기로 곧장 진입합니다. 일단 쓰기 시작합니다. 쓰다보면 몰입하게 되고 몰입하면 주변 환경은 의식되지 않습니다. 마치 전력질주하는 오토바이 위에서 보면 주변의 거리가 터널처럼 휘어져 보이는 것과 비슷한 효과입니다. 글쓰기 외에는 에너지를 낭비하지 않겠다는 마음가짐입니다.

제가 아는 어떤 작가는 글이 자신에게 오기까지 기다린다고 합니다. 전체 구성이 완벽하게 짜여지지 않으면 글을 쓰지 못하는 작가도 있습니다. 그러나 저는 예술의 신, 뮤즈는 기다리는 작가에게 오지 않는다고 생각합니다. 기도하는 사람에게 신의 소리가 들리듯이 글을 쓰는 사람에게 영감이 떠오릅니다. 꾸준히 수행하는 수도자에게 해탈의 경지가 주어지듯이 어떠한 상황에서든 글을 쓸 수 있는 작가에게 좋은 글이 나올 수 있는 기회가 많아진다고 생각합니다. 글쓰기를 준비하는 과정은 펜을 드는 것으로 족합니다. 펜과 내가 하나가 되어 같이 놀면서 글을 쓰면 됩니다. 분위기가 안 잡혀서, 아직은 정리가 안 되어서, 영감이 떠오르지 않아서 글을 쓸 수 없다면, 그가 글을 쓸 수 있는 가능성은 점점 줄어듭니다. 변명만 쌓이고 작품은 쌓이지 않습니다. 그러니 당신이 어디에 있든, 언제든 펜을 드십시오. 그리고 공책을 열고 글을 쓰기 시작하십시오. 그 장소와 시간에서 세계를 만드십시오.

모든 것이 좋았다

정말로 좋은 글은 억지가 없습니다.
주변을 살펴 아무것도 버리지 마십시오.
모든 것이 좋은 글감입니다.

공유가 도깨비(김신)로 나오는 드라마 〈도깨비〉는 명대사의 향연인데, 그 중에서 가장 인상 깊은 대사는 6회차에서 메밀꽃밭으로 은탁이를 데리고 가 마주보며 한 김신의 대사입니다. 여러분도 다 아실 겁니다. "너와 함께 한 시간 모두 눈부셨다. 날이 좋아서, 날이 좋지 않아서, 날이 적당해서. 모든 날이 좋았다." 좋고 나쁨은 객관적인 사태가 아니라, 어떠한 사태든 그것을 바라보는 내적이며 주관적인 마음 상태이지요. 사랑에 빠지면 어떠한 상태가 되더라도 좋다고 말할 수 있습니다. 억지가 아닙니다. 정말 그럴 수 있습니다. 모든 것이 좋게 다가옵니다. 비와 와도, 눈이 와도, 바람이 불어도, 햇볕이 쨍쨍해도…… 기독교의 신(神)

도 모든 만물을 창조하며 '좋았다'라고 고백합니다. 적어도 이때 만큼은 사랑에 빠진 신입니다.

글을 쓰는 작가도 같은 고백을 할 수 있습니다. 작가가 마주선 상황이 어떠하더라도 좋다고 말할 수 있습니다. 기쁘면 기쁜 대로, 슬프면 슬픈 대로, 만나면 만나는 대로, 헤어지면 헤어진 대로, 쓸쓸하면 쓸쓸한 대로, 그대로 좋은 글감이 될 수 있습니다. 이렇게 말해놓고 나니 작가에게는 모든 것이 좋은 글감이라고 말할 수도 있겠네요.

심지어는 글감이 떠오르지 않아 글이 쓰여지지 않는 시간도 좋은 시간이라고 말할 수 있습니다. 바로 그 상태 그 느낌을 글감으로 쓰면 됩니다. 왜 글감이 떠오르지 않는지, 왜 글을 쓸 수 없는지를 쓸 수 있습니다. 어쩌면 그 시간이 더욱 작가를 작가답게 만드는 시간이 될 수도 있습니다. 자기를 온전히 바라볼 수 있는 시간이 될테니까요.

이 세상에 쓸데없이 존재하는 것은 아무 것도 없습니다. 모든 것이 그 자체로 온전히 아름답다고 말할 수 있습니다. 갓 피어나는 꽃잎도 아름답지만, 생을 마감하고 후두둑 떨어지는 꽃잎도 아름답습니다. 젊음이 아름답다면 늙음 또한 아름답습니다. 주변을 돌아보세요. 바람에 날리며 쓰레기처럼 버려진 종이 조각도, 휴지통에 버려진 구겨진 종이컵도 그 자신의 생애가 있습니다. 떨어진 과자부스러기에 모여드는 개미떼의 행렬도, 나뭇가지에 포로롱 앉아 우짖는 작은 박새의 모습도 참으로 신기하고 아름답습니다. 자세히 보고 들으면 하나도 버릴 것이 없습니다.

그러니 글감을 찾아 여기저기 떠돌지 마십시오. 그대 주변의 모든 것이 글감입니다. 그것들을 바라보는 작가의 마음이 글감입니다. 눈을 뜨고, 귀를 열고 쓰십시오.

남성 페미니스트 되기

남성작가라면 여성의 입장에 서보십시오.
여성작가라면 남성의 입장에 서보십시오.
영광과 오욕을 같이 통찰하십시오.

마르크스의 어법을 차용하자면 '지금까지 인류의 역사는 성
(性)투쟁'의 역사였습니다. 이 투쟁의 승자는 항상 남성이었습니
다. 다른 부족과 여성을 교환했던 원시시대로부터 인터넷과 인
공지능으로 무장한 현대에 이르기까지 남성은 늘 여성을 지배해
왔습니다. 모성애(母性愛)란 이름으로 성역할을 규정하고, 신사도
(紳士道)란 이름으로 여성을 보호하고, 어머니날을 제정하여 여성
을 찬양하면서, 여성을 항상 틀 안에 가둬놓고 남성중심적 사회
를 유지해왔습니다.

프로이트의 정신분석학은 철저히 가부장적 질서에 입각하여
심리를 분석한 정신현상학입니다. 학문의 중립성이란 말은 오랜

역사 속에서 학문의 남성성의 다른 말에 지나지 않습니다. 동서양을 막론하고 학문은 남성중심의 영역이었습니다. 철학이나 과학뿐만 아니라 글쓰기 또한 그러했습니다. 근대 이전의 여성 철학자, 과학자, 작가는 두 손에 꼽기도 힘들 정도입니다. 그러니 정신분석학이라고 다르겠습니까? 프로이트가 이야기하는 오이디푸스 콤플렉스 또한 아들과 아버지의 대결일 뿐 어머니는 부차적인 존재에 불과합니다. 음양오행을 전통으로 하는 동아시아 역시 다를 바 없습니다. 음양의 원리가 남녀평등의 원리는 아니었습니다. 음양으로 64괘를 구성하는 《주역(周易)》의 서사 역시 철저히 남성중심적으로 전개됩니다. 그런 의미에서 동서양을 막론하고 여성이 주역(主役)으로 나선 적은 없다고 보아도 무방할 것입니다. 역사적으로 남성의 영광 이면에는 항상 여성의 오욕이 있었습니다. 이제 이 사태는 극복되어야 합니다.

언젠가 김훈을 초청작가로 모시고 대담을 한 적이 있습니다. 그때 나는 김훈의 소설에서 여성이 심도깊게 다루어지지 않는 것에 대하여 질문한 적이 있습니다. 그에 대해 김훈의 대답은 간단명료했습니다. "나는 여성을 잘 모른다. 그래서 자세히 다룰 수 없었다." 이 무지(無知)의 고백으로 더이상 진도를 나가지는 못했지만, 김훈의 대답은 적어도 나에게는 큰 울림으로 다가왔습니다. "나는 여성을 잘 아는가?" 나에게 자문해보았습니다. 나의 대답 역시 '잘 모른다.' 였습니다.

　무지의 고백은 출발점으로는 훌륭한 자세이되, 그것으로 자신의 태도를 퉁쳐서는 안 된다고 생각합니다. 작가는 무지를 고백할 뿐 아니라 무지를 넘어서야 합니다. 존재의 인식은 자아의 인식과 더불어 타자의 인식으로 확장되어야 합니다. 그런 의미에서 여성과 더불어 남성 역시 페미니즘 공부와 실천이 필요합니다. 그리고 그러한 공부와 실천에 가장 앞장서야 할 사람이 작가입니다. 작가야말로 경계에 서서 경계를 넘어서는 사람이니까요. 적어도 나는 그렇게 믿습니다.

좌치(坐馳)와 좌정(坐定)

글을 쓸 때는 고요하게 멈추십시오.

여기저기 기웃거리지 마십시오.

그 자리를 지키십시오.

세상에는 함께 할 수 있는 재미난 일이 많이 있습니다. 가족과 여행을 하거나, 친구들과 맛난 걸 먹거나, 아이들과 놀이동산을 갈 수 있습니다. 오랜 만에 친구를 만나서 차 한 잔 마시며 이야기를 나누는 것은 정말 쏠쏠한 재미입니다. 혼자가 아니라서, 혼자가 아니기에 할 수 있는 일들이 너무도 많습니다. 하지만 결코 같이 할 수 없는 일이 있습니다. 골똘히 생각을 하거나, 길을 걷다가 문득 생각이 나거나, 독서를 할 때 감동받은 부분에 밑줄을 긋거나, 자신에게 도움이 되는 부분을 책이나 노트에 적는 일들은 혼자서 해야 합니다. 같이 있더라도 결국 그러한 일은 오로지 혼자만의 몫입니다.

독서클럽을 만들어 같은 책을 읽고, 서로가 느낀 점을 나누고, 자신이 생각하지 못했던 새로운 관점이나 내용을 배울 수도 있지만, 글을 쓸 때에는 오로지 혼자서 써야 합니다. 남이 생각해 줄 수 없고, 남이 깨달아 줄 수 없고, 남이 밑줄을 그어 줄 수 없고, 남이 써 줄 수 없습니다. 자신의 생각을 글로 쓰는 일은 오롯이 혼자서 해야 합니다. 특히 긴 글을 쓸 때에는 번다한 주변 상황을 물리고 자신만의 시간을 가져야 합니다. 글쓰기는 단독자의 내면 활동입니다.

그런 점에서 글쓰기는 절간의 수행과 같습니다. 스님들이 깨달음을 얻을 때까지 홀로 용맹정진(勇猛精進)하듯이 글쓰기를 하는 사람은 자신만의 공간에 자신을 가둔 채 홀로 외로운 글쓰기를 해야 합니다. 설령 카페에서 글을 쓴다고 해도, 글쓰기에 집중하는 순간만은 주변이 진공상태인 것처럼 변하는 것을 느낄 수 있을 것입니다. 아름다운 노래소리도 멈추고, 주변의 대화 소리도 들리지 않습니다. 오롯이 자신의 내면을 응시하며 글을 써내려 갑니다. 글쓰기를 마치면 진공상태는 저절로 풀리고 음악소리와 대화소리도 다시 들릴 것입니다만.

앉아서 노트를 펼치거나 컴퓨터를 켠다고 저절로 글이 써지는 것은 아닙니다. 앉아 있어도 마음이 분주하면 글을 쓸 수 없습니다. 장자는 이렇게 앉아서도 마음이 분주한 상태를 '좌치(坐馳)'라고 했습니다. 이와는 달리 앉아서 마음이 고요해진 상태를 불가에서는 '좌정(坐定)'이라고 합니다. 글쓰기의 밀도는 이러한 상태를 얼마나 오랫동안 유지할 수 있느냐에 달려 있습니다. 글을 쓸 때는 고요하게 멈추십시오. 여기저기 기웃거리지 마십시오, 그 자리를 지키십시오.

분량의 역설

아는 사람은 많이 쓰지 않습니다.
모르는 사람이 많이 씁니다.

글쓰기에는 제약이 따릅니다. 그 중에 가장 까다로운 것이 글의 분량입니다. 특히 요청받은 글들은 이 분량을 엄격하게 지켜야 합니다. 5년 넘게 지역신문에 칼럼을 연재 중인데, 분량은 정확히 A4 용지 한 장입니다. 물론 글자 크기, 자간과 장평, 여백을 지정해 줍니다. 모자라지도 넘치지도 않는 딱 그만큼의 분량을 지키는 것이 쉬운 일은 아닙니다. 처음에는 이를 지키기가 쉽지 않았습니다. 마음 놓고 쓰다보면 글이 길어지게 됩니다. 나는 일단 편하게 씁니다. 그러고나서 분량에 맞춰 불필요한 문장이나 중복되는 문장을 지우고 늘어지는 문장을 줄입니다. 그렇게 쓰다보니 이제는 별로 고치지 않아도 분량을 지킬 수 있게 되었습니다.

글을 같이 쓰는 문우들에게도 분량에 맞는 서평이나 칼럼 쓰기를 요청했습니다. 자기만 보기 위한 글이 아닌 이상 원고 청탁을 받거나 투고하는 경우에는 반드시 분량을 지켜야 하기 때문입니다. 처음에는 이러한 제약에 갑갑해 하더니 이제는 자연스럽게 받아들입니다. 아니 오히려 분량의 제약이 없을 때 더욱 힘들어 합니다. 쓰고 싶은 만큼 알아서 쓰라는 조건이 가장 힘들고 까다롭다고 말하기도 합니다. 연습의 힘입니다.

분량을 정해놓고 쓰는 글은 제약이지만 혜택이기도 합니다. 4각의 링이라는 제약이 있기에 공정한 룰을 적용할 수 있고, 원형의 빙판이 있기에 아름다운 퍼포먼스가 가능한 것처럼, 분량이 정해져 있기에 압축적인 글쓰기가 가능해집니다. 많이 쓴다고 잘 쓰는 것이 아님은 누구나 압니다. 밥을 많이 먹는다고 잘 먹는 것이 아님과 같습니다. 글쓰는 사람은 자신에게 주어진 조건에 잘 적용하면서 글을 쓰는 훈련을 많이 해보는 것이 좋습니다. A4 한 장 쓰기, 두 장 쓰기, 세 장 쓰기를 연습해 봅시다. 원고지 분량으로 치면 1000자 쓰기, 2000자 쓰기, 3000자 쓰기를 해봅시다. 자신이 읽은 글이나 쓴 글을 축약하는 연습도 유익합니다. 서평 쓰기의 경우에는 전체적 흐름과 주제가 잘 드러나도록 요약하는 훈련을 해야 서평 쓰기를 잘 할 수 있습니다.

제약이 되기도 하고 혜택이 되기도 하는 것이 분량의 역설입니다. 인생사가 그렇듯이 고통이 삶의 무늬를 만들어내고 삶을 단련시키기도 합니다. 글쓰는 사람에게 분량 또한 마찬가지입니다. 분량을 선용(善用)하는 지혜가 필요합니다.

물 흐르듯 쓰십시오

시냇물이 흘러 강으로 모이듯이
문장이 흘러 글이 되게 하십시오.

좋은 글은 막힘이 없습니다. 자연스럽습니다. 글이 길어도 지루하지 않습니다. 밋밋하다는 말이 아닙니다. 작은 물줄기는 고요히 흐르고, 장애물이 많은 계곡이나 골짜기는 격류로 흐르고, 큰 강물은 유장히 흐르고, 바다에 이르면 파도로 일렁입니다. 각기 다른 모양이지만 끊이지 않습니다. 자연과 생명이 막힘없이 순환하듯, 좋은 글은 살아있습니다.

몸 속의 흐름으로 치자면 동맥과 정맥을 통해 흐르는 피의 순환과 같다고 볼 수 있겠네요. 심장에서 나와 심장으로 들어가는 혈관 속에는 대동맥과 대정맥뿐만 아니라 실핏줄 같은 모세혈관도 있습니다. 어느 혈관이 중요할까요? 무엇보다 막힌 혈관이 중요합니다. 그 어느 한 곳이라도 막히면 피가 돌지 않아 병에 걸리게 됩니다. 막힌 곳이, 아픈 곳이 가장 중요합니다.

따라서 글을 쓸 때에는 큰 그림과 흐름을 생각하면서 글을 써야 합니다. '대충 시작하면 되겠지'라고 생각하면 안 됩니다. 대충 시작해서 잘 됐다면 그것은 요행일 가능성이 높습니다. '대충 시작'이 버릇이 되면 안 됩니다. '시작이 반'이라는 말이 있습니다만, 그때의 '시작'은 큰 그림이나 흐름을 고려하지 않는 시작이 아니라, 오랫동안 숙고하고 준비된 시작이라고 해석합니다. 이미 '반'에 도달한 시작인 거지요.

물 흐르듯이 글을 쓰라는 말을 '의식의 흐름'에 따라 쓰는 것으로 오해해서는 안 됩니다. 정신분석학 용어이자 문학용어인 '의식의 흐름'은 "인간의 정신 속에 끊임없이 변하고 이어지는 주관적인 생각과 감각, 특히 주석 없이 설명해 나가는 문학적 기법"입니다. 이는 자연스럽게 물 흐르듯이 글을 쓰는 것이 아니라, '자유연상'에 가까운 글쓰기입니다. 맥락도 없고 계통도 없는 무의식적 흐름에 맡기는 글쓰기이지요. 그 사람의 심리를 파악할 때에는 도움이 되겠지만, 독자들이 편안하게 접근할 수 있는 글쓰기는 아닙니다.

'생각나는 대로 쓰면 되지 뭐'라고 생각하면 안 됩니다. 초보자들이 글을 쓸 때는 '자유연상'에 따라 자유롭게 글을 씁니다. 그렇게 다 써놓고 읽어보면 문장은 많은데 어디로 가고 있는지 알 수 없는 목적지 불명, 주소 불명의 글쓰기가 됩니다. 하고 있는 말은 많은데, 무엇을 말하는지 모르게 됩니다. 물 흐르듯이 글을 쓰라는 말은 가는 곳이 어딘지 알고 쓰라는 말입니다. 시냇물이 강을 거쳐 바다에 이르듯이 글의 경유지와 목적지가 분명히 연결되는, 연결지점이 막히지 않는 글쓰기가 좋은 글입니다.

지치고 막힐 때

현실 속으로 들어가라

홀륭한 작가는 민중 속으로 들어갑니다.
모두가 외면하는 것을 직시합니다.
그들을 위해 존재합니다.

20세기를 대표하는 작가 중에 조지 오웰이 있습니다. 우리에게는 공산주의 관료사회를 풍자하는 《동물농장》과 인간의 미래사회를 암울하게 그려낸 《1984년》의 작가로 유명하지만, 그가 미얀마의 경찰로 활동한 《버마 시절》, 직접 노동을 하며 그려낸 논픽션 작품인 《파리와 런던의 밑바닥 생활》, 《위건부두로 가는 길》과 스페인 내전에 참전하여 쓴 《카탈루냐 찬가》를 썼습니다.

그는 '상류 중산층의 하층계급(lower-upper-middle class)'으로 자신과 가족을 지칭하면서 비참했던 학창 시절을 문제아로 살았습니다. 그는 현실 비판적인 인물이었습니다. 졸업 무렵 전체 학생 167명 중 성적이 138등이었다고 합니다. 대학 진학 시험에 통과했지만 가정 형편상 대학 진학을 포기했습니다. 이 정도면 절망하고 자기 삶을 포기할 수도 있었지만, 그는 자신을 믿었습니다. 그는 작가가 되기로 결심합니다. 제국주의 시민이었으나 반제국주의의 길을 걸어갔습니다. 노동자와 혁명가의 삶을 살아가는 것을 부끄러워하지 않고 당당하게 자기 삶을 살아가며 만났던 사람들과 사건들을 논픽션으로 썼습니다. 민중 속으로 들어갔기에 관념이 아니라 삶으로 그들을 만납니다. 당시의 보수파가 열광했던 나치의 파시즘만큼이나 진보층이 열광했던 스탈린의 전체주의와도 거리를 두고 비판적 시선으로 세상을 그려냈습니다. 그 속에서 가난하고 비참하게 살아가는 민중의 모습을 생생하게 그려냈습니다. 게다가 반파시즘 연대를 위해 직접 스페인 내전에 참전했습니다. 《카탈루냐 찬가》는 전쟁의 어리석음을 고발하고 스페인 민중들과 연대하기 위한 애정 어린 르포문학입니다.

문학은 허구이고 신문 기사는 팩트입니다. 그러나 르포문학은 팩트를 스토리화하여 생생한 문학의 경지로 올립니다. 조지 오웰은 르포문학의 대가입니다. 르포문학가는 가난과 연대하고 비참함이 있는 곳이면 달려가 그들의 삶을 기록합니다. 그들의 책상은 현장이고 그들의 문체는 민중의 목소리입니다. 가장 원초적인 문학의 현장에서 위대함을 길러내는 것이 르포문학가입니다.

비단 르포문학가만 그런 것일까요? 모든 위대한 작가는 현실에서 벗어난 적이 없습니다. 그가 쓰고 있는 장르가 SF 판타지라 할지라도 그의 문학적 뿌리는 현실입니다. 사람들이 《해리포터》에 열광하는 것은 판타지적 상상력을 자극하기 때문이기도 하지만, 해리 포터의 삶 속에서 자신을 발견할 수 있기 때문입니다. 작가는 현실로 들어가, 모두가 외면하는 것을 응시하고, 모두가 침묵하는 말들을 발굴하여 표현합니다. 문학평론가 김현은, 문학은 힘이 없지만, 감춰진 현실을 드러내 추문으로 만들고, 추문이 아닌 현실을 꿈꾸게 한다고 말했습니다.

궁극적으로 당신을 망치는 건 당신뿐입니다

작품에 대한 평가에 너무 신경 쓰지 마십시오.

상찬뿐만 아니라 악평도 신기한 듯 여기십시오.

몸을 챙기십시오.

작가들은 상찬에 얼굴이 벌게지고, 악평에 가슴이 철커덩 무너져 내립니다. 이는 오랜 시간 작가로 생활해왔다고 해서 무뎌지는 것이 아닙니다. 특히 악평의 경우에는 아무리 초연한 척하려고 해도 쉽사리 가슴이 진정되지 않습니다. 서로가 안면이 있는 직접적 관계라면 대놓고 싸워볼 용기라도 낼 텐데, 대부분 악평(악플)을 쓰는 사람들은 익명 속에 숨은 채로 상처를 주기로 마음먹은 것이지요. 이러면 대략 난감을 넘어서 공포스럽기까지 합니다.

이청춘의 《소문의 벽》이라는 소설 속 등장인물인 박준은 자신의 정체는 대낮처럼 환하게 밝혀져 있는데, 독자는 그 빛 뒤에 숨어서 안보이기에 공포스럽다고 말합니다. 이는 마치 한국전쟁 때 한밤중에 방으로 쳐들어온 정체를 알 수 없는 군인이 전짓불(손전등)을 얼굴에 비추며 "너는 남쪽 편이냐 북쪽 편이냐?"를 물을 때의 공포와 유사한 것이어서 '전짓불의 공포'라고 표현합니다.

이러한 현상은 편가르기를 통해 어느 한쪽에 분명히 설 것을 강요하는 사회, 이분법적 사유에만 익숙한 생활방식에서 더욱 도드라집니다. 작가가 이러한 현실에 깊이 감염될수록 글쓰기는 어려워집니다. 특히 저자가 소수자의 견해를 가지고 있거나 사회적 통념을 비판하는 관점으로 글을 쓸 경우에는 상찬보다는 악평을 받을 확률이 높아지지요.

이를 대처하는 방법은 다양하지만, 《당신이 글을 썼으면 좋겠습니다》의 저자가 '나를 망칠 수 있는 유일한 사람 - 악평 악플에 대처하는 법'에 소개한 '매니저론'을 소개합니다. 저자는 "그러나 이제는 알고 있습니다. 그곳이 세상의 전부가 아니라는 것을. 나를 믿어주지 않는 사람들은 어디에나 있고, 그들이 나를 망칠 수 없다는 것도"라는 박민정의 글을 인용한 후에, 자신이 얼마나 소심한지 밝히면서 악플에 시달렸던 구체적인 사례를 이야기합니다. 글의 말미에 이렇게 힘든 자기를 위로하는 가상의 매니저를 설정하여 이런 말을 하게 합니다.

"자 모든 건 먼지가 됩니다. 잔뜩 굳은 어깨에 힘을 푸세요.

지금 우리가 쓰는 글은 언젠가 먼지가 되고 세상에는 수많은 먼지 같은 말들이 떠다니다가 가라앉을 거예요. 보이지 않는 사람들은 당신에게 큰 영향을 주지 못해요." 계속 이야기합니다. "나를 망칠 수 있는 유일한 사람은 나 자신이에요. 다른 말로, 나를 망칠 권리는 오직 나에게만 있지요. 굳이 지금 그 권리를 써야겠습니까?"

나에게 이런 자상한 가상의 매니저는 없지만, 그보다 위대한 지혜의 교사 노자가 있습니다. 그는 나에게 이렇게 충고할 듯합니다.

"사람들은 칭찬을 좋아하고, 악평은 싫어하지만 사실 둘 다 정상적인 것은 아니라네. 그러니 어떤 일이 벌어지더라도 정상이 아니라면 놀란 듯이 대하게. 칭찬에도 놀라고, 악평에도 놀라게. 그 어떤 것도 자신의 것으로 삼지 말게. 들뜬 기쁨이나 가라앉은 슬픔 따위에 휘말리지 말게. 그저 모든 것이 왔다가 가버리는 것인 양 담담하게 흘려버리고, 일상을 되찾게. 몸이나 돌보게."

남의 밭을 경작하지 마십시오

유행을 따르지 마십시오.
오래 가지 못합니다.

글을 쓰면서 가장 경계해야 할 것은 남들과의 비교입니다. 열심히 써서 발표하는데 반응이 신통치 않을 때, 책을 출간했는데 판매가 저조할 때 작가들은 의기소침하게 됩니다. 한편 다른 작가들의 작품이 반응도 뜨겁고 출간과 더불어 베스트셀러가 되면, 자신과 비교하면서 자신감이 많이 떨어지게 마련이지요. 이런 상황에는 별의별 생각이 다 들겠지요. 자신에게 재능이 없는 것은 아닐까? 글이 진부한 걸까? 시대의 흐름을 따라가지 못하는 것은 아닐까? 다른 작가들은 쉽게 척척 잘도 써내는데, 나는 왜 아무리 노력해도 왜 이리 힘들게 글을 쓰고 있나 싶어 원망하기도 하지요.

한때 농가에서는 수입을 증대시키기 위해서 특용작물을 많이 재배했습니다. 그런데 이 특용작물이라는 것이 비용이 많이 들었습니다. 그래서 무리하게 대출받아 시설도 짓고 정성을 다해 키웠지만, 너도나도 같은 작물을 지어 오히려 가격이 폭락하는 바람에 수익은커녕 빚을 잔뜩 지고 포기하는 경우가 많았습니다. 게다가 특용작물은 처음에 들어가는 비용도 많이 들고, 설령 성공했다고 하더라도 다음에는 또 다른 특용작물이 유행하는 바람에 수익이 많이 떨어지기도 했습니다.

　　특히 다른 농가가 특용작물로 수입이 올랐다고 뒤늦게 따라 했다가 시기를 놓쳐 낭패를 겪기도 했고요.

　　글쓰기 이야기를 하다가 갑자기 농사 이야기를 하는 게 이상해 보일지도 모르지만, 글쓰기라는 게 이 농사짓기랑 비슷해요. 자신이 잘하는 농사를 지어야지 남들이 수익을 올렸다고 괜히 따라 했다가 본래 농사마저 소홀히 하게 되는 경우도 왕왕 있어요. 남의 농사 기웃대다가 자신의 농사를 망치는 것은 참으로 어리석은 일입니다. 차라리 자신의 논밭을 한 번 더 북돋고, 작물을 한 번 더 보살피는 것이 낫습니다. 농사를 처음 배울 때 선배에게 배운 말이 있습니다. "남의 작물 부러워 말고, 남의 작물과 비교하지 말라." 우리는 우리의 실력대로, 능력대로 정성껏 농사를 지으면 되는 것입니다. 만사가 그렇지만 정성을 다해서 자신의 것을 보살피는 것이 무엇보다 중요합니다.

자신이 쓴 글이 많이 안 읽힌다고 낙담하지 마세요. 꾸준히 정성껏 글을 쓰면 반드시 반응이 옵니다. 작가로서 할 수 있는 일은 남의 글을 부러워하는 것이 아니라 자신의 글을 갈고 닦는 것입니다. 남의 작물이 돋보인다고 남의 밭을 경작하지는 않겠지요. 아직 독자들에게 인정을 받지 못했다면 어쩔 수 없습니다. 시간을 들여 다시 시작하는 수밖에 없습니다. 자책하지 말고, 낙담하지 말고, 자신의 가능성을 믿고 쓰고 또 쓰는 것입니다.

드라마틱한 삶은 없어도 좋습니다

작은 일이나 큰 일이나 모두 좋은 글감입니다.
위대함은 작고 큼에서 나오는 것이 아닙니다.

글쓰기 공부를 하다보면 체험이 부족하다는 이야기를 하는 문우(文友)들을 만납니다. 재미난 글을 쓰고 싶은데 인생에 재미난 게 없었다던가, 신나는 글을 쓰고 싶은데 신기한 경험을 못 해봐서 못 쓰겠다던가, 멋지고 근사한 이야기를 하고 싶은데 자신의 삶이 멋지거나 근사하지 않아서 힘들다던가, 하는 푸념들 말입니다. 물론 인생역전의 드라마틱한 삶을 사는 사람들도 있고, 남들은 경험하지 못하는 드문 체험을 한 사람들도 있습니다. 그들의 이야기는 좋은 글감인 게 분명합니다. 하지만 그러한 글감만 좋은 글감인 것은 아닙니다.

아무리 사소한 것이라도 정성만 들인다면 좋은 글이 될 수 있습니다. 소재의 대소(大小)나 사건의 다소(多少)가 글을 좌우하는 것은 아닙니다. 오히려 그러한 소재를 바라보는 작가의 마음의 크기가 글감에 더 큰 영향을 끼친다고 말하고 싶습니다. 내가 좋아하는 시인 중 한 명인 김수영(金洙暎)의 시를 보면 작은 소재나 사소한 사건이라도 엄청난 감동을 주는 시로 창작될 수 있음을 알 수 있습니다. 김수영의 유고작이 된 〈풀〉만 하더라도, 소재는 작지만 대한민국 시인뿐 아니라 국민들이 애송하는 작품입니다. "바람보다 늦게 누워도 / 바람보다 먼저 일어나고 / 바람보다 늦게 울어도 / 바람보다 먼저 웃는다"라는 구절은 많은 생각을 하게 하는 명구(名句)지요.

작가는 오히려 일상의 사소한 사건에서 커다란 의미를 발견할 줄 아는 시선을 가진 사람입니다. 작가의 시선은 자신에게만 국한되지 않습니다. 꽃의 시선, 벌레의 시선, 나무의 시선, 새의 시선, 개의 시선, 즉 만물의 시선으로 '시선 전환'이 가능한 사람이기도 합니다. 권정생 작가는 '강아지똥'의 시선으로 세상을 보는 눈을 가졌습니다. 장자는 '물고기'의 시선으로 세상을 읽어냈습니다.

노자의 《도덕경》 34장은 크고 작은 모든 것에 깃든 존재(大道)의 깃듦을 노래합니다. 진정한 큼(大道)은 작은 것과 비교되는 것이 아니라, 크고 작은 것을 모두 끌어안을 수 있는 겸손한 품입니다. 삶이 아무리 사소해도 문제 될 것은 없습니다. 그 작음 속에서 하늘을 품을 수 있습니다. 꽃들을 보세요. 작은 꽃 하나가 우주를 품습니다. 우주의 노래를 부릅니다. 오늘 하루도 자신의 품 속에 우주를 품고 사는 정성스런 삶을 살아가면 됩니다. 작가는 그런 사람입니다.

담담하고 담백하게

메시지는 단순해야 합니다.
단순해야 담박하고 평화롭습니다.

때로는 신나는 음악이 우울한 마음을 위무하고, 맛난 음식이 입맛을 돋우기도 하고, 화려한 복장이 눈을 즐겁게 만듭니다. 하지만 이 모든 것들은 오래가지 못합니다. 신나는 음악도 오래 들으면 정신이 산란해지고, 맛난 음식도 계속 먹으면 싫증이 나지요. 화려한 복장도 특별한 날에 입으면 좋지만 일상생활에서는 거추장스러워 입지 않습니다.

글쓰기도 마찬가지입니다. 처음에는 남들보다 화려하고, 근사하고, 맛깔나게 써야 인기를 얻을 것이라고 생각합니다. 그러나 처음부터 끝까지 그렇게 쓰는 작가는 이 세상에 단 한 명도 존재하지 않습니다. 대부분의 문장은 평범하고 단순합니다. 그래야 오래 쓸 수 있습니다. 글이 길수록 호흡도 길어야 합니다. 큰 그림을 그리려면 잔재주에 의존해서는 안 됩니다. 좋은 글은 겉으로 드러나는 수사(修辭)보다 속에 감추어진 정신이 더욱 중요합니다.

비범해지기보다 어려운 것이 평범함입니다. 그래서 《한비자》에서도 "개나 말은 그리기 어렵지만, 귀신이나 도깨비는 그리기 쉽다(犬馬難 鬼魅易)."라고 말한 것입니다. 왜일까요? 《한비자》에 등장하는 화가의 입을 빌리면 이렇습니다. "귀신이 가장 그리기 쉽습니다. 개와 말은 모두가 아침저녁으로 보는 짐승이기 때문에 꼭 그대로 그리지 않으면 안 됩니다. 하지만 귀신은 아무도 본 사람이 없기 때문에 아무렇게나 그려도 되니 아주 쉽습니다."

노자도 《도덕경》 35장에서 이렇게 말합니다. "큰 그림이 그려지면, 세상으로 나아가라. 나아가도 해롭지 않고, 편안하고 태평하다. 화려한 음악과 맛난 음식이 지나가는 손님을 붙잡을지 모르지만, 큰 도가 제시하는 길은 담백하여 맛이 없고, 보려 해도 보이지 않고, 들으려 해도 들리지 않는다. 하지만 아무리 써도 다함이 없다." 큰 길은 담백하여 맛이 없다는 표현에 고개가 끄덕여집니다.

그러니 글을 쓰려면 주변의 사물이나 정서에 대해서 담담하게 담백하고 진솔하게 쓰는 연습을 많이 해야 합니다. 눈에 띄는 모습보다는 너무도 평범해서 평소에는 눈에 띄지 않는 모습을 그려보세요. 누구나 볼 수 있는 모습을 진실되게 그릴 수 있다면 무엇보다 커다란 공감대를 형성할 수 있습니다. 가장 많이 마시는 물처럼, 가장 많이 먹는 밥처럼, 가장 많이 호흡하는 공기처럼 그렇게 우리의 삶을 살리지만 무미(無味)하고 무해(無害)한 글을 많이 써보세요. 그게 진짜 실력입니다. 그래야 오래 갑니다.

당신의 목소리를 들려주십시오

자신의 생각과 반대되는 쪽을 살펴십시오.
세상에는 하나의 생각만 있는 것이 아닙니다.

글을 쓴다는 것은 혼자 쓴다는 점에서 독백 같지만 사실 대화에 가깝습니다. 가장 비밀스런 일기조차도 자신과 나누는 대화입니다. 대화란 말을 이렇게 반복적으로 강조하는 것은, 대화의 속성상 적어도 너와 내가 있어야 하기 때문입니다. 그러니까 글쓰기는 나의 말을 너에게 전하는 것이기도 하지만, 너의 말을 내가 귀기울이는 것이기도 하다는 것이지요.

그러니 글을 쓰면서 글을 읽고 있는 상대방(가상의 특정한 독자)의 표정을 잘 살펴보세요. 더 정확히 말하면 잘 상상해보세요. '너'에 해당하는 가상의 독자는 나에게 호의를 가지고 있지만, 고분고분한 사람은 아니라고 생각하셔야 합니다. 내가 아무 말이나 한다고 박수치는 사람은 아니라는 이야기지요. 때로는 나에게 딴지를 걸기도 합니다. 이유를 따져 묻기도 할 겁니다. 조금은 까칠한 사람일 수도 있고, 나와 반대되는 생각을 할 수도 있습니다. 내가 이렇게 글을 쓰면 너는 어떻게 생각할까? 너는 무슨 말을 나에게 할까? 이런 생각을 하면서 글을 써보는 것입니다.

평소에도 자신과 생각이 다른 사람의 이야기에 귀를 기울이는 연습이 필요합니다. 같은 편의 이야기를 들으면 편하겠지만, 자신의 틀을 강화하는 확증편향에 빠지는 것만큼 작가에게 위험한 것은 없습니다. 자신이 잘 알고 좋아하는 이야기만 듣는 것은 남는 것을 더 보태는 꼴입니다. 그보다는 자신에게 모자라는 것을 채우는 것이 필요합니다. 자신의 생각과 반대되는 쪽을 살피십시오. 세상에는 하나의 생각만 있는 것이 아닙니다. 낯선 상대방의 이야기에 귀를 기울여 보세요.

독창이 아니라 이중창 혹은 합창을 불러보세요. 자신의 목소리를 줄이고 상대방의 목소리에 맞춰서 소리를 조율해 보세요. 그 하모니를 만끽해 보세요. 세상은 혼자 살아갈 수 없어요. 같이 살아가는 것이 세상이라면 여러 목소리를, 여러 생각을 듣고 느낄 수 있는 능력을 키워야겠지요.

당신의 눈빛을 보여주세요.
당신의 목소리를 들려주세요.

당신의 향기를 느낄 수 있도록
조금만 더 가까이 와주세요.
마음의 창을 열고 당신을 기다릴게요.
어서 오세요. 그리운 사람아.

인풋(input)이 있어야 아웃풋(output)이 있습니다

억지로 쓰지 마십시오.
과도한 욕심을 내지 마십시오.

　작가들은 저마다의 글쓰기 루틴이 있습니다. 김훈이나 하루 키처럼 하루의 분량을 정해놓고 쓰는 작가가 있는가 하면, 조정 래처럼 시간대를 정해놓고 글을 쓰는 작가도 있습니다. 특정한 장소를 선호하는 작가도 있지요. 이렇게 일정한 루틴(routine)을 정 하는 것은 자칫 게을러지기 쉬운 일상에 대한 경계라고 볼 수 있습니다. 종교인들이 아침예불이나 새벽기도를 빠지지 않고 참 석하는 것도 그들만의 거룩한 루틴이지요. 루틴이 종교적 의례 처럼 엄격해지면 리추얼(ritual)이라 말하기도 합니다. 예불이나 기 도는 리추얼적 성격이 강하지요.

　나의 경우는 하루에 적어도 한 편(꼭지) 정도는 꼭 쓰려고 합니다. 특히 브런치 작가로 등록하고 나서는 이러한 루틴이 리추얼 수준으로 격상했다고 볼 수 있습니다. 그러다 보니 주변에서 어떻게 그렇게 많은 글을 쓸 수 있냐는 질문을 받기도 합니다. 비결은 없습니다. 스텝 바이 스텝, 한 문장 한 문장 채워나갈 뿐입니다. 천리길도 한 걸음부터라고 아무리 긴 글도 한 문장부터입니다. 저는 이 성실함을 무엇보다 신뢰하는 편입니다.

하지만 성실함만으로는 결코 실현되지 않는 게 글쓰기입니다. 컴퓨터만 켜면 쓸 수 있는 것도, 공책만 열면 쓸 수 있는 것도 아닙니다. 안 써지는 글을 억지로 쓰겠다고 해서 써지는 것도 아닙니다. 움직이려면 에너지가 필요하듯이, 글쓰기에도 에너지가 필요합니다. 의욕만이 다가 아닙니다. 능력만이 다가 아닙니다. 아웃풋(output)이 있으려면 반드시 인풋(input)이 있어야 합니다.

가장 쉬운 인풋은 무엇보다 개인의 체험이 되겠지만, 체험에는 한도가 있기에 저는 지속적인 독서를 선호하는 편입니다. 일찍이 안중근 의사가 멋진 글씨로 남긴 "일일부독서 구중생형극(一日不讀書 口中生荊棘)"이라는 문장이 있습니다. "하루라도 책을 읽지 않으면 입 안에서 가시가 돋는다"라는 이 문장은 출전이 정확하지 않아 안중근 의사가 직접 지은 듯합니다. 여름철 하루라도 농장에 나가서 풀을 잡지 않으면 어느새 풀이 작물을 뒤덮듯이, 독서를 하지 않으면 좋은 생각을 어지럽히는 잡생각이 넘쳐날 수도 있습니다. 독서는 좋은 글감을 떠오르게 하기도 하고, 좋은 문장을 열심히 읽다보면 자신의 문장도 잘 살필 수 있는 실력을 쌓을 수 있습니다.

글은 이러한 좋은 생각과 문장들이 이미 어느 정도 쌓였을 때 쓸 수 있습니다. 좋은 감을 따고, 고르고, 깎고, 말려 곶감으로 저장해 두었다가, 먹고 싶을 때 한두 개 빼먹는 것처럼 글쓰기도 마찬가지입니다. 쓸 것이 있어야 쓸 수 있는 것이지 쓰려고 한다고 써지는 게 아닙니다. 원고지만 찢어 구기고, 커서만 왔다 갔다 하고, 이맛살을 찌푸리며 심각한 포즈를 취한다고 글이 써지지 않습니다.

그러니 글이 써지지 않으면 자신의 능력을 탓하지 마시고, 평소에 인풋을 제대로 하고 있는지, 곶감은 얼마나 마련해 놓았는지, 메모나 생각노트는 얼마나 정리해 놓았는지 점검해보시기 바랍니다. 글쓰기에 억지는 없습니다. 아무리 욕심을 부려도 안 써진다면 능력의 문제가 아니라 성실성을 체크해 보시기 바랍니다. 설마 밥도 안치지 않았는데 숭늉을 찾고 계시지는 않은지요?

자신에 집중하라

훌륭한 작가는 자신을 믿습니다.

세평世評을 멀리하고 마음의 소리를 듣습니다.

글에 집중하고 명성을 잊습니다.

글을 쓰다보면 특히 자신이 쓴 글에 대한 반응이 시큰둥할 때 독자의 눈치를 보기 십상입니다. 내 경우를 예로 들면, 현재까지(2022.12.)까지 2년 반 남짓한 기간 동안 브런치에 828개의 글을 올렸습니다. 하루에 한 꼭지가 넘습니다. 가히 초인적인(?!) 글쓰기라 할 수 있습니다. 그런데 800여 개 가까이 되는 글에 댓글이 달린 것은 열 손가락 안에 꼽힙니다. 최근에는 아예 공유수조차 매번 0입니다. 장사로 치자면 상품은 열심히 만들어내지만 팔리지는 않는 글을 쓰고 있는 셈입니다. 그나마 다행인 것은 조회가 100회를 왔다갔다 한다는 점입니다. 적극적인 반응은 없지만 눈팅은 하고 있는 셈이지요. 쇼핑으로 비유하자면 구매는 하지 않고 구경만 하고 있는 셈입니다.

이 정도쯤 되면 영업(글쓰기)을 그만 두는 것이 상식입니다. 가게를 접고 다른 일을 알아보는 것이 경제적 관점에서 옳은 판단이겠지요. 한 두 번 정도는 정말 글쓰기를 (당분간만이라도) 그만 둘까 심각하게 고민도 했습니다. 그런데도 그만두지 않고 열심히 글을 올리는 것은 글쓰기가 독자에 대한 약속이 아니라 나와 한 약속이기 때문입니다. 쓴 글에 독자의 반응이 좋으면 물론 더욱 큰 용기를 내겠지만, 독자의 반응이 거의 없더라도 글쓰기를 멈추지 않는 것은, 나와의 약속을 지키기 위해서입니다.

나는 브런치를 시작하면서 적어도 2년 동안은 하루에 한 편씩은 글을 올리기로 나와 약속했습니다. 거기에 독자의 반응을 상수로 두지는 않았습니다. 이미 책을 30여 권 낸 작가라는 자존심도 접어 두었습니다. 과거의 역사가 현재의 역사를 대신하지는 않으니까요. 영화 《아저씨》의 명대사처럼, "나는 오늘만 산다"를 나의 슬로건으로 삼았습니다. 글쓰기로 변형하자면 "나는 오늘도 쓴다" 쯤이 되겠습니다.

그래서 가끔 반응이 없는 글쓰기가 힘들 때면 알프레드 디 수자의 시를 위로로 삼습니다.

춤추라, 아무도 바라보고 있지 않은 것처럼
사랑하라, 한 번도 상처받지 않은 것처럼
노래하라, 아무도 듣고 있지 않은 것처럼
일하라, 돈이 필요하지 않은 것처럼
살라, 오늘이 마지막 날인 것처럼

아무도 내 글을 읽지 않아도, 아무도 내 소리에 귀 기울이지 않아도, 아무도 나를 바라보지 않아도, 그래서 경제적으로 아무런 도움이 되지 않아도, 나는 오늘이 마지막 날인 것처럼 글을 쓸 것입니다. 어찌보면 참 딱한 인생이기도 하겠지만, 달리 보면 갸륵한 인생이기도 합니다. 아무 것도 바라지 않으면서 오늘도 글을 씁니다.

자신과 마주하는 시간

글을 쓰고 있는 동안은 오직 글에만 집중하십시오.
시끄러운 소리를 잠재우고 돌처럼 담담하십시오.

인간은 오감(五感)이라는 것이 있어서 항상 외부와 연결되어 있습니다. 불교에서는 이를 색성향미촉(色聲香味觸)이라 합니다. 시각, 청각, 후가, 미각, 촉각이지요. 이러한 오감이 종합되어 생겨난 인식을 법(法)이라 합니다. 합쳐서 육진(六塵)이라 말하지요. '육진'이라 말할 때의 '진(塵)'은 먼지, 티끌을 뜻합니다. 인간의 감각에 대한 불신을 읽어낼 수 있습니다. 그래서 《반야심경(般若心經)》에서는 색즉시공(色卽是空)이라 질러 말합니다. 인간이 경험한 감각계는 영원하지 않으며 일시적으로 나타났다 사라질 뿐입니다. 실체가 없으니 공(空)합니다. 믿을 만한 것이 못 됩니다.

하지만, 우리는 이 오감의 즐거움을 인생의 낙으로 살아갑니다. 아름다운 자연을 보면 경탄하고, 멋진 노래에 박수를 보내며, 향기로운 꽃향기에 취합니다. 맛있는 음식을 나눌 때의 즐거움은 정말로 큽니다. 연인의 손을 잡을 때의 그 부드럽고 따스함이란, 비록 일시적인 현상이라도 순간을 영원과도 맞바꿀만 하다고 생각합니다. 이 순간이여 영원하라, 찬양하고 노래합니다.

어떤 작가들은 좋아하는 음악을 틀어놓고 글을 쓴다고 합니다. 물론 시끄러운 락음악을 틀지는 않겠지요. 아마도 부드러운 재즈음악이나 가사가 없는 고전음악을 틀 가능성이 높습니다. 나 역시 때때로 글을 쓸 때 조용한 음악을 틀 때가 있습니다. 하지만 그때의 음악은 음악감상용이 아니라 글을 쓰기 위한 배음(背音)과 같은 것입니다. 음악에 취해서는 글을 쓸 수 없습니다. 소리가 글을 방해해서는 안 됩니다. 글을 쓸 때 소리는 물러납니다.

얕은 생각은 오감의 영향을 받습니다만, 생각이 깊어질수록 오감을 떠납니다. 생각의 심연에 도달하면 침묵의 세계가 열립니다. 얕은 생각은 앉아 있으면서도 외부를 향해 달립니다. 장자는 이를 '좌치(坐馳)'라 하였습니다. 그러나 깊은 생각은 박힌 돌처럼 움직이지 않습니다. 그렇게 고요히 침잠하는 것을 명상(瞑想)이라 합니다. 자신의 외부가 아니라 내면과 마주하는 시간입니다. 글은 그렇게 깊은 곳에서 길어 올리는 것입니다. 마음의 가장 깊은 곳은 마르지 않는 맑은 샘물과 같습니다. 생각이 잘 안 떠오르거나 글이 잘 써지지 않는다면 오감을 자극하는 외부를 잠재울 필요가 있습니다. 외부가 잠 잘 때 내면은 깨어납니다. 그 내면의 자신과 마주할 수 있는 시간이 많을수록 글은 맑아지고 깊어집니다. 그리고 그 맑고 깊은 눈을 떠서 세상을 다시 보게 될 때, 이전에 경험했던 것과는 다른 세계를 경험하게 됩니다. 글은 그 다른 세계에 거주하는 시민입니다.

글쓰기의 선순환

마음의 소리를 글로 다 담았다면
이제 글처럼 힘써 사십시오.

　사방에는 정보가 넘쳐납니다. 책에서, SNS에서, 자연에서, 다양한 매체를 통해서, 만남의 경험에서 얻어진 정보는 감정의 형태로 축적되거나 지식의 형태로 응축되기도 하고 행동으로 표출되기도 하지요. 그 모든 감정과 지식과 경험은 다시 우리의 마음에 다양한 형태로 투영됩니다. 그 복잡한 심사(心思)가 요동칠 때 우리의 삶은 흔들립니다.

　흔들리는 삶의 상태로는 글을 쓸 수 없습니다. 글을 쓰려면 먼저 마음을 가라앉혀야 합니다. 오래 전 지혜로운 사람들은 이러한 마음의 상태를 명경지수(明鏡止水)에 비유했습니다. 거울처럼 맑고 깨끗한 마음, 온갖 잡념들을 가라앉혀 고요해진 상태를 말합니다. 그렇게 맑고 투명하게 마음을 가라앉힐 때, 그 마음으로 자신을 비춰볼 수 있습니다. 거울에 자신을 비추듯.

그렇게 고요해진 마음의 소리를 글로 쓸 때, 글쓰는 사람은 깨끗해집니다. 정화됩니다. 어두웠던 것들이 밝게 보이고, 아픈 마음이 치유됩니다. 그렇게 글쓰는 사람은 스스로 건강을 되찾습니다. 프리드리히 니체가 그러했습니다. 니체는 말했습니다. "철학자는 시대의 고통과 인간 영혼의 상처를 읽고 치유하는 철학적 의사다." 그는 자신의 글로 자신도 치유할 뿐만 아니라 다른 사람들도 치유했습니다. 글쓰기는 일종의 치유술입니다.

그렇게 건강을 되찾고 다시 삶을 살아갑니다. 글쓰기의 선순환은 그렇게 계속됩니다. 살다가 힘들어지면 잠시 멈추고 마음을 가라앉히십시오. 그리고 그 맑은 마음에서 울려나오는 자신의 소리에 귀를 기울이십시오. 그 소리를 서두르지 말고 글로 적어보십시오. 자신의 모습을 직시하십시오. 자신을 인정하고 새롭게 살아갈 힘을 얻으십시오. 자신이 써놓은 글처럼 힘써 살아가십시오.

주변의 소리에 휘둘리지 마시고 자신의 마음의 소리를 들으십시오. 깊은 곳에서 울려나오는 생명을 느껴보십시오. 자신의 리듬에 따라 글을 써보십시오. 건강한 글쓰기는 그렇게 계속됩니다.

부드럽게, 가을비처럼 부드럽게

힘을 빼고 글을 쓰십시오.
부드러움이 단단함을 이깁니다.

노자의 《도덕경》 43장을 적어 봅니다. "세상에서 가장 부드러운 것이 세상에서 가장 단단한 것 속으로 파고드네. 틈 없는 사이로 흔적 없이 파고드네. 나는 이 모습을 보고 자연스러운 행동의 이로움을 알게 되었네. 말 없는 가르침, 자연스러움의 이로움. 그러나 이러한 경지에 도달하기란 참으로 드문 일.(天下之至柔, 馳騁天下之至堅. 無有入無間. 吾是以知無爲之有益. 不言之敎, 無爲之益, 天下希及之.)"

가을비가 연일 내립니다. 아파트 보도에 작은 물웅덩이를 만들며 비가 조용히 내립니다. 물 위로 물을 퉁기며 수인사를 보냅니다. 마치 수줍은 아이가 나의 등을 여린 손가락으로 두드리듯이. 안녕, 하고 말하는 듯 합니다. 떨어지는 빗물이 만드는 작은 파문을 유심히 바라보면서, 저 빗방울이 밭에 있는 내 작물에게도 인사를 하겠지, 밭이랑에 스며들어 배추며 무의 목마름을 채우겠지, 단단한 대지를 뚫고 들어가 수원(水源)을 이루겠지 상상해봅니다.

노자 《도덕경》의 43장도 비내리는 고요한 아침에 쓴 것이라고 나는 생각합니다. 내리는 비를 보면서 노자가 명상한 것들이 글로 남은 것이라 감히 상상합니다. 단단한 것이 생명을 살리지 않습니다. 부드러운 것이 생명을 살립니다. 단단한 음식물도 부드럽게 만들어 넘겨야 소화가 됩니다. 소화가 되야 영양분으로 바뀝니다.

노자는 우주가 걷는 길과 가장 가까운 것으로 물을 꼽았습니다. 상선약수(上善若水), 최고의 좋음은 물과 같습니다. 단단함이 세상을 만드는 것이 아니라 부드러움이 세상을 만듭니다. 강변(强辯)하는 글보다 부드럽게 설득(說得)하는 글이 더 큰 주장이 됩니다. 흠 없고 틈 없는 글보다 어딘지 부족해보이는 글이 더 사랑을 받습니다. 차가운 태도와 단단한 논리로 채워진 글보다 부드러운 태도, 따뜻한 마음이 전달되는 글이 감동을 줍니다.

비가 내립니다. 조용히 이 수화(水話)를 바라봅니다. 메모지를 꺼내 이 수화를 적어 봅니다. 그리고 물과 대화를 나눠 봅니다. 부드러운 기운이 내 몸으로 파고듭니다. 억지로 살아왔던 삶을 반성하게 됩니다. 자연스러운 삶을 바라봅니다. 힘을 빼고 글을 써보세요. 부드러움이 단단함을 이깁니다.

작가의 조울증

자신의 글에 만족하십시오.

자신에게 가혹하게 굴지 마십시오.

화를 풀고 허물을 덮으십시오.

현대인들이 자주 겪는 기분장애 중에는 조증(躁症)과 울증(鬱症)이 있습니다. 일반인들도 대부분 이 장애가 있는데 그 정도가 지나치지 않아서 별로 신경 쓰지 않는 경우가 많습니다. 하지만 상태가 심해지면 위험해집니다. 기분이 들떠 자신감이 넘치는 활동적인 상태와, 마음이 우울하고 가라앉는 상태가 일생을 통해 반복적으로 나타나면 이를 조울증이라고 합니다. 조울증은 보통 조증기보다는 우울기가 더 자주, 더 오랜 시간 지속되고, 젊은 나이에 시작되어 자주 반복되고, 감정 기복도 심해지고 충동적인 행동을 동반하며, 지나치게 많이 먹고 많은 자는 형태로, 또는 그 반대의 형태로 나타날 수도 있습니다.

글을 쓰다보면 어느 때는 에너지와 의욕이 넘쳐 덜 자고 덜 먹어도 머리 회전이 무서울 정도로 **빠를** 때가 있습니다. 한 달에 책 한 권도 뚝딱 쓸 수 있을 것처럼 무서운 속도로 글을 써대기도 하지요. 하지만 이러한 시기는 그리 오래 지속되지 않습니다. 그에 반해 글 쓰는 재미도 떨어지고 의욕이 없고, 집중도 안 되고, 부정적인 생각을 하며 후회와 자책을 하는 시간이 길어지기도 합니다. 작가의 생명이 끝난 것은 아닌가 의심스럽기도 하고, 정말 죽을 만큼 글이 안 써지는 시기가 있습니다. 정말 딱 죽고 싶을 때지요.

보통은 슬럼프에 **빠진다고** 말하기도 하는 이 시기에 가장 중요한 것은 자신을 누구보다 소중하게 여기고 아끼는 것입니다. 스스로를 달래며 위로해야 합니다. 글이 안 써지는 것은 능력의 문제가 아니라 시기의 문제라고 생각할 필요가 있습니다. 이럴 때 저는 스스로에게 "그럴 수도 있어"라고 위로합니다. 천천히 일상적인 삶을 유지하고 마음을 평온하게 만들기 위해 노력합니다. "이 또한 지나갈 거야"라고 말합니다. 나 자신을 가혹하게 몰아붙이지 않습니다.

작가는 초인이 아니라 보통 사람입니다. 보통 사람이 아닌 상태로 진입해야 글이 써지는 것이 아니라, 보통 사람임을 인정한 가운데에서 글을 쓰는 사람입니다. 글이 조금 잘 써진다고 우쭐해하거나, 안 써진다고 우울해 할 필요는 없습니다. 잘 써지다가 안 써지는 것은 자연스러운 현상입니다. 자뻑도 안 되지만 자학은 더더욱 안 됩니다.

잘난 상태도 내 상태이고 못난 상태도 내 상태입니다. 모두가 다 내 모습입니다. 자신을 사랑하고 아끼면서, 숨을 깊고 들이쉬고 내쉬면서, 하루하루의 일상을 자연스럽게 살아가면 됩니다. 글은 때로 손님과 같아서 한꺼번에 몰려오기도 하지만 한 명도 안 올 때도 있습니다. 한꺼번에 몰려오는 것이나 아무도 오지 않는 것도 문제라면 문제겠지만 당황할 필요는 없습니다. 거울이 모든 이미지를 자연스럽게 받았다가 보내듯이 그렇게 맞이하고 보낼 일입니다.

힘을 빼십시오

아이의 마음을 닮으십시오.
약하고 부드러우나 가장 단단한 힘이 있습니다.

아프리카 타악기 젬베를 배운 지 3년이 넘었습니다. 초보일 때는 박자를 맞추기가 가장 어렵더니, 이제는 힘을 빼는 것이 가장 힘듭니다. 노래의 속도가 빠르게 진행되면 행여나 박자를 놓칠까봐 긴장이 돼서 힘을 잔뜩 주게 됩니다. 힘을 주고 치면 소리도 날카로워지고 손도 아프고 오래 칠 수가 없게 됩니다. 쉬지칩니다. 그러면 선생님은 이렇게 말합니다. "마치 회초리를 휘두르듯, 타격지점에만 힘이 실리고 나머지는 힘을 빼야 합니다. 근육에 힘을 빼고 살살 쳐야 강한 힘을 실을 수 있습니다. 물이 흐르듯이 자연스럽게 리듬을 타십시오." 이해는 되는데 몸으로 옮기기는 꽤나 긴 수련이 필요합니다.

노장철학을 자신의 무술 원리로 이용한 절권도의 창시자 이소룡도 한 방송 인터뷰에서 이렇게 말한 적이 있습니다. "물이 되십시오. 물은 형태가 없습니다. 그래서 어떠한 그릇에도 담길 수 있습니다." 노자는 자신의 철학을 물과 여자와 어린아이에 비유하기도 합니다. 겉으로 보기에는 가장 연약하고 부드러운 듯 보이지만 그 내적 힘은 엄청납니다. 생명의 원천이라 할 수 있습니다. 물은 생명을 키우고, 여인은 생명을 낳고, 어린아이는 생명의 시작입니다. 고목은 거센 광풍에 부러지지만, 풀은 광풍이 불어 누워도 다시 일어섭니다. 가장 연약한 듯 보이지만 가장 강한 회복력을 갖습니다.

연주가 되었든, 무술이 되었든, 삶이 되었든 최상의 경지는 힘을 빼는 자연스러운 경지에 도달하는 것입니다. 강약의 조절도, 에너지의 분배도, 생명활동도 자연스러움을 잃게 되면 리듬을 놓치고, 쓸데없는 곳에 힘을 소모하고, 지치고 쓰러지게 됩니다. 헐떡이는 호흡으로는 오래 살 수 없습니다. 불규칙한 맥박은 건강의 적신호입니다. 극약처방은 일시적으로 우리의 에너지를 끌어올리지만, 건강을 위해서는 평소에 섭생(攝生)을 잘해야 합니다.

글쓰기라고 다를 바 없습니다. 잘 쓰고 오래 쓰려면 힘을 빼야 합니다. 모든 문장을 화려하고 빛나게 쓸 수 없습니다. 찬란한 지식이나 어려운 개념의 글잔치는 독자를 쉬 지치게 만듭니다. 자극적인 표현으로 독자를 현혹시키면 안 됩니다. 영양가 있는 소박한 밥상을 차리듯이 일상의 언어를 잔잔히 사용해야 합니다. 좋은 글은 목소리를 높이는 글이 아니라, 친절하게 다가가는 글입니다. 성급하게 휘몰아치는 것이 아니라 천천히 천천히 스며드는 것입니다. 아이의 숨소리처럼, 잔잔한 바람처럼, 촉촉한 이슬비처럼.

문장의 이유

모든 책은 문장에서 시작됩니다.
아름드리 나무가 싹에서 나오듯이
높은 건물이 한줌 흙에서 오르듯이
문장을 보살피십시오.

시집을 읽으면서 오랫동안 생각한 것이긴 합니다만, 시인이야 말로 가장 예민한 작가인 것 같습니다. 다른 장르에 비해 시가 짧아서이기도 하지만, 유독 시인들은 단어와 문장에 신경을 씁니다. 그렇게 지어놓은 '말(言)들의 거룩한 집(寺)'이 시(詩)입니다. 좋은 시는 살아있습니다. 마치 살아있는 생명체 같습니다. 모든 단어와 문장들이 딱 거기에 있어야 할 것만 같은 느낌을 받습니다. 시인들은 시를 쓸 때 함부로 쓰지 않고 한 단어 한 문장에 신경을 씁니다. 정성이 들어가 있습니다.

《짧게 잘 쓰는 법》의 저자 벌린 클링켄보그는 "글은 작가의 선택이 만드는 생명체와 같습니다. 먼 옛날 활동했던 동물의 화석 기록이 아닙니다. 그 결정들을 곱씹어보세요. 문장 하나하나가 쓰인 이유를 추론해보세요. 왜 다른 방식이 아니라 이렇게 되어야 했을까? 왜 이런 단어들이어야 했을까? 왜 저런 문구일까? 왜 그런 리듬일까?"라고 물어보라고 말합니다. 생명체의 부분들이 존재 이유가 있는 것처럼 글의 단어와 문장에도 존재 이유가 있다는 말입니다.

왜 다른 단어가 아니라 이 단어여야 하는가? 왜 다른 문장이 아닌 이 문장이어야 하는가? 왜 다른 표현이 아닌 이 표현이어야 하는가? 이유를 묻고 그곳에 그렇게 존재하게 하는 것이 바로 작가입니다. 농부가 농사를 지을 때 땅을 기름지게 하고 씨앗을 잘 고르고 성장을 잘 돌보듯이, 작가는 자신의 마음을 기름지게 하고, 단어를 잘 선택하고, 문장을 잘 돌봅니다. 그렇게 잘 돌본 문장들이 모여 문단이 되고, 글이 되고, 책이 됩니다.

작법의 차원에서 보자면, 문장은 복잡하지 않게 쓰는 것을 기본으로 합니다. 형식적으로도 그렇지만 내용적으로도 그렇습니다. 읽으면서 자연스럽게 이해되는 문장을 쓰는 게 좋습니다. 다 읽고 나서 이리저리 따져봐야 이해되는 문장은 접근이 어렵습니다. 한 문장에는 하나의 이미지, 하나의 정보를 담습니다. 문장과 문장은 자연스럽게 연결되는 게 좋습니다. 나뭇잎이 나뭇가지와 연결되듯이, 나뭇가지가 줄기와 연결되고, 줄기가 뿌리와 연결되듯이 유기적으로 자연스럽게 연결되게 씁니다.

단어가 문장을 살리고, 문장이 문단을 살리고, 문단이 글을 살리는 글쓰기를 권합니다. 그래서 그 글이 독자와 연결되어, 작가를 살리고 독자를 살리는 글이 좋은 글입니다. 문장과 문단과 글이 모자라지도 넘치지도 않고 딱 그만큼의 중용(中庸)을 지키는 글쓰기가 쉬운 일은 아닙니다만, 작가라면 누구나 욕심을 내어 연습하고 또 연습해야 할 사항입니다. 단어와 문장과 문단이 거기에 그렇게 존재해서 은은하게 빛나는 글쓰기를 하십시오.

누구를 위해 글을 쓰는가

바다가 위대한 것은 가장 낮기 때문입니다.
낮아지고 낮아지십시오.
낮은 사람의 소리에 귀기울이십시오

바다에는 섬들이 있습니다. 섬들은 서로 떨어져 있는 것 같지만, 바다 밑으로 들어가 관찰하면 모든 섬들은 서로 연결되어 있습니다. 지구라는 땅덩어리에서 이 세상의 모든 섬들은 연결되어 있습니다. 사람들도 모두 홀로 살아가고 있는 것 같지만, 그 근원으로 내려가면 하나로 연결되어 있습니다. 그러기에 시인 존 던은 〈누구를 위해 종은 울리나〉라는 시를 이렇게 시작합니다. "누구든 그 자체로서 온전한 섬은 아니다. / 모든 인간은 대륙의 한 조각이며 전체의 일부이다."

시인의 제목을 비틀어 이렇게 질문해 봅니다. 누구를 위해 글을 씁니까? 작가는 경계에 서 있는 사람입니다. 저 높은 중심에서 모든 것을 관망하는 자리에 있는 것이 아니라, 생명의 가장 끄트머리에서 생명을 보듬고 있는 사람입니다. 셀린저의 소설 《호밀밭의 파수꾼》의 주인공 홀든의 대사처럼 "내가 할 일은 아이들이 절벽으로 떨어질 것 같으면 재빨리 붙잡아주는 거야. 애들이란 앞뒤 생각 없이 마구 달리는 법이니까 말이야. 그럴 때 어딘가에서 내가 나타나서는 꼬마가 떨어지지 않도록 붙잡아주는 거지. 온종일 그 일만 하는 거야. 말하자면 호밀밭의 파수꾼이 되고 싶다고나 할까. 바보 같은 얘기라는 건 알고 있어. 하지만 정말 내가 되고 싶은 건 그거야. 바보 같겠지만 말이야"라고 말하는 사람이 되는 것입니다.

지도자의 욕망이 최정점이라면, 작가의 욕망은 경계를 넘어 최저점에 도달하는 것입니다. 법 밖으로 밀려난 사람들, 괄호 밖으로 추방된 사람들, 시선 밖에서 헤메는 사람들, 가난한 사람, 약자, 소수자, 난민에게 마음과 몸이 가는 사람이 작가입니다. 개인적 차원에서도 마찬가지입니다. 자신의 가장 깊은 곳, 가장 은밀한 곳, 가장 어두운 곳을 탐색하는 사람이 작가입니다. 그 누구의 고통도 외면하지 않고, 그 누구의 신음에도 귀를 기울이는 사람. 그리하여 가까이 있는 사람의 죽음에만 조문하는 사람이 아니라, 자신과 가장 먼 곳에 있는 사람에게도 애도하는 사람이 작가입니다. 타자의 일을 자신의 일처럼 반응하는 사람, 그 사람이 작가입니다.

존 던의 위의 시 마지막 구절은 다음과 같습니다. "그러니 누구를 위하여 종이 울리는지를 알고자 사람을 보내지 말라! / 종은 그대를 위해서 울리는 것이니!" 이 때의 종은 조종(弔鐘)입니다. 이 조종에 반응하는 사람은 "어느 누구의 죽음도 나를 감소시킨다. / 왜냐하면 나는 인류 전체 속에 포함되어 있기 때문이다."라는 경지에 도달합니다. 경계에 서십시오. 바다가 되십시오.

사랑하기 때문에 글을 씁니다

작가에게는 세 가지 보물이 있습니다.

사랑, 아낌, 겸손!

글에 이 세 가지를 담으십시오.

글을 쓰는 이유는 무엇입니까? 사랑입니다. 사랑이 없다면 작가는 아무것도 아닙니다. 사랑의 전도자 바울은 〈고린도전서〉 13장에서 이렇게 노래합니다. "내가 사람의 방언과 천사의 말을 할지라도 사랑이 없으면 소리 나는 구리와 울리는 꽹과리가 됩니다. 내가 예언하는 능력이 있어 모든 비밀과 모든 지식을 알고 또 산을 옮길 만한 모든 믿음이 있을지라도 사랑이 없으면 내가 아무것도 아닙니다." 아무리 멋진 문체를 자랑하고 아무리 기가막힌 논리를 구사해도 그 속에 사랑이 없다면 작가는 속 빈 강정입니다. 아무것도 아닙니다. 생명이 없습니다. 사랑은 생명의 씨앗입니다. 그러니 결코 사랑을 잃지 마시기 바랍니다. 사랑이야말로 작가가 간직해야 할 최고의 보물입니다.

사랑하면 사랑의 대상을 아끼게 됩니다. 아낌이란 상대방을 함부로 사용하지 않는 것입니다. 작가는 말을 사랑하는 사람입니다. 따라서 말을 함부로 사용하지 않습니다. 말을 아낍니다. 남용하지 않는 말, 신중한 말, 조심스러운 말을 사용합니다. 겉만 화려하고 속은 비어있는 말은 사용하지 않습니다. 말을 아끼니 문장이 길어지지 않습니다. 길지 않으니 이해가 빠르게 됩니다. 오해가 적습니다. 지루하지 않습니다. 아낌이야말로 작가의 두 번째 보물입니다.

사랑하는 사람은 상대방에게 군림하지 않습니다. 오히려 상대방을 섬깁니다. 겸손해집니다. 잘난 척하지 않습니다. 상대방을 교언영색(巧言令色)으로 현혹하지 않습니다. 상대방에게 친절합니다. 휴먼카인드(humankind)라는 말 속에는 친절함(kind)이 담겨 있습니다. 한편 섬김으로 자신이 낮아지는 것이 아니듯이, 겸손은 비굴과 아첨이 아닙니다. 사랑이 충만한 사람만이 진정으로 섬길 수 있습니다. 겸손도 마찬가지. 겸손은 사랑에서 비롯되지만, 비굴과 아첨은 이익추구 때문입니다. 사랑이 아닙니다. 겸손은 작가의 세 번째 보물입니다.

작가의 세 가지 보물을 사랑, 아낌, 겸손이라 말했지만, 실은 하나입니다. 그게 사랑입니다. 우리는 사랑하기 때문에 글을 씁니다. 사랑하는 대상이 내가 되었든, 그 누가 되었든, 그 무엇이 되었든 전심전력을 다해 사랑하십시오. 사랑에 실패하더라도 낙담하지 마십시오. 사랑은 결과가 아니라 시작입니다. 결과가 안 좋더라도 시작이 좋다면, 다시 시작할 수 있습니다. 다시 사랑할 수 있습니다. 글도 마찬가지입니다.

모름의 확산

모른다는 걸 아십시오. 모른다는 걸 알면 탈이 없습니다.

나이가 먹을수록 모르는 것들이 많음을 절감하게 됩니다. 젊은 시절 오만했던 지성(知性)이 참으로 부끄러워집니다. 배우면 배울수록 많은 것을 알게 되는 것 같지만, 그만큼 아니 그보다 더 많은 것을 모르게 됩니다. 원이 커지면 커질수록 원 둘레가 길어지는 것처럼 앎이 커질수록 모름도 확산됩니다. 그래서 인류사의 최고 지성이라 일컬어지는 뉴튼도 "세상에 대하여 알고 있는 것은 바닷가의 모래알 하나 정도에 불과하다"라고 고백했는지도 모르겠습니다.

물론 무지를 자랑하자는 말은 아닙니다. 글을 쓰는 사람은 무릇 세상에 대하여 가장 넓고 깊게 탐구해야하는 지(知)의 탐험가이며, 그 탐험을 멈추지 말아야 할 운명에 처해 있습니다. 그러하기에 우리는 매번 지적 갈증을 느끼며 새로운 것들을 더욱 알려고 노력해야겠지요. 그렇다 하더라도 지식의 탐구는 완성되지 못하고 매번 새로운 미지의 세계를 우리에게 열어놓습니다.

영국의 철학자 베이컨은 "아는 게 힘"이라고 말하기도 했지만, 중국의 현자 노자는 아는 것이 때로는 병이 된다고 말합니다. 《도덕경》 71장은 "알지 못함을 아는 것이 최고. 아는 것을 알지 못함이 병(知不知上, 不知知病)"이라 말했습니다. 앎의 한도를 초과하여 아는 체 하는 것을 비판하는 말입니다. 차라리 모르면 아는 체도 못할 텐데, 알량한 지식으로 아는 체 하는 것이 중병입니다. 더한 것은 자신이 병에 걸린지도 모르는 것입니다. 병자가 병자임을 알면 아무 문제 없지만, 병자가 병자임을 모르면 백약이 무효입니다.

그러니 글을 쓰는 이들은 자신의 앎의 한도를 알 필요가 있습니다. 공자님 말마따나 "아는 것을 안다 하고, 모르는 것을 모른다"라고 하면 아무 문제될 것이 없는데, 모르는 것조차 아는 체하면 그야말로 낭패(狼狽)입니다. 앎의 한도를 알아 아는 체하지 마십시오. 자신의 지식을 자랑하거나 과시하지 마십시오. 자신이 알고 있는 것이 다가 아님을 알아야 위험에 빠지지 않습니다.

모름은 앎의 적이 아니라 친구입니다. 모름과 가까이 하십시오. 모름의 영역을 확장하십시오. 몰라야 알고 싶어집니다. 몰라야 물을 수 있습니다. 물어야 답을 얻을 수 있습니다. 그 답을 징검다리 삼아 다시 묻고 물어야 합니다. 그렇게 모름의 영역이 확산될 때, 우리는 어리석어지는 것이 아니라 더욱 지혜롭게 변신합니다. 노자가 보장하는 최고의 방법입니다.

호가호위(狐假虎威)는 금물

남의 문장을 쓰지 말고 자신의 문장을 쓰십시오.
남의 문장을 쓰다가 자신이 다치게 됩니다.

이솝우화라고 기억합니다만, 까마귀 한 마리가 공작새의 화려한 깃털이 부러워 그 주변을 맴돌면서 떨어진 공작깃털을 모으기 시작합니다. 그렇게 모인 깃털로 자신의 깃털 사이에 끼워 넣고, 자신이 마치 공작이나 된 듯이 공작 주변을 어슬렁거립니다. 이를 본 공작들이 까마귀의 머리를 쪼며 공작깃털을 뽑아버립니다. 혼쭐이 난 까마귀는 다시 자신의 무리에게 돌아가지만, 이번에는 까마귀들이 그를 조롱합니다. 불쌍한 까마귀는 공작도 되지 못하고 결국에는 까마귀들에게조차 외면당하는 신세가 되고 맙니다.

한자성어에는 호가호위(狐假虎威)라는 말도 있습니다. 호랑이의 앞을 걷던 여우가 다른 동물들이 자신을 보며 달아나자 그것이 자기 때문인 줄 착각하는 사태인데요. 남의 권세를 빌려 위세를 부리는 여우와 같은 무리들을 비판하는 말이지요.

공작깃털은 공작의 것입니다. 호랑이의 위세는 호랑이의 것입니다. 결코 까마귀나 여우의 것이 아닙니다. 자신의 것이 아닌 것을 자신의 것인 양 쓸 수는 없습니다. 글쓰기에서는 이 규칙이 너무도 엄격하게 적용됩니다. 자칫 잘못 하다가는 표절(剽竊)이라는 위험에 빠질 수 있습니다. 표절이라는 한자어는 위험할 표(剽)에 몰래 훔칠 절(竊)이 합쳐진 말입니다. 따라서 남의 것을 빌려 쓸 때에는 그에 맞는 예절이 필요합니다. 출처를 밝히고 자신의 것이 아님을 드러내야 합니다. 이는 학계의 논문만이 아니라 문단계의 작품에서도 엄격하게 따지고 잘못할 경우 엄청난 비난을 듣고 망신을 당하게 됩니다. 조심하고 조심할 일입니다.

물론 글을 쓸 때에 자신의 이야기나 주장을 더욱 강화하거나 문장을 세련되게 만들기 위해 유명한 문장이나 구절을 빌려 쓰기도 합니다. 인용(引用)이지요. 이렇게 인용할 때에도 조심해야 할 것들이 있습니다. 자신이 쓰는 글과 잘 어울려야 합니다. 자신의 글과 격(格)이 맞지 않은 인용구는 오히려 자신의 문장을 해치는 결과를 초래합니다. 그럴 경우 과감하게 인용구를 빼야 합니다. 화려하고 좋은 문장을 빌어다가 채워넣는 글보다는 소박하고 진솔하고 담담하게 자신의 생각을 적는 것이 훨씬 좋습니다.

남의 글이나 권위를 빌어다가 아는 체 하지 마십시오. 차라리 모르는 것이 낫습니다. 잘난 체 하지 마십시오. 차라리 못난 게 낫습니다. 독자들은 압니다. 아는 것과 아는 체 하는 것, 잘난 것과 잘난 체 하는 것의 차이를 말입니다. 남의 문장으로 글을 채우기보다 자신의 문장으로 차분하게 글을 쓰십시오. 자신의 글을 쓰는 사람이 오래갑니다.

추앙과 환대 : 〈나의 해방일지〉에 기대

빚진 자를 다그치지 말아야 하듯이
문장을 다그치지 마십시오.
참으십시오. 기다리십시오.

박해영 작가가 극본을 쓴 드라마 〈나의 아저씨〉의 열혈팬으로써, 이번에 새롭게 방영된 〈나의 해방일지〉를 재밌게 봤습니다. 〈나의 아저씨〉의 두 번째 버전이라 할 만큼 형제지간(오누이지간)의 캐미도 대단했고, 이지안(아이유)의 남자 버전인 구자경(손석구)의 거친 듯 무심한 연기도 좋았습니다. 특히 이번 드라마에서는 평상시에 사람들이 쓰지 않는 어휘가 등장하여 나를 긴장시켰는데, 중반부터 등장한 '추앙'이라는 단어와 종방에 등장한 '환대'라는 단어입니다.

'추앙'이라는 단어는 이미 세속적으로 낡을대로 낡아버린 '사랑'이라는 단어를 대체하는 새로운 단어로 등극했는데, 무조건

적이며 자신의 욕망을 투영하지 않고 상대방의 축복만을 바라는 행동을 일컫는 말입니다. 극중에서 염미정(김지원)과 구자경 간에 이루어지는 관계가 바로 '추앙'의 모습이지요. 결코 현실에서는 없을 것만 같은 새로운 유형의 사랑방식이라는 점에서 극이 끝나고 나서도 이야기가 이어질 것 같습니다.

'환대'라는 단어는 거의 종방에 등장한 단어인데, 염미정이 과거의 애인이자 자신에게 빚을 떠넘기고 떠난 전남친(선배)을 미워하다가 결국 복수가 아니라 배려를 선택했던 행동과 연동되어 있습니다. 미워서 죽여버리고 싶은 자에게조차 후하게 응대해주는 것이 곧 '환대'인 셈이지요. '추앙'이 연인 사이에서 생길 수 있는 태도라면, '환대'는 원수지간에도 베푸는 후한 응대입니다. 마지막에 손석구가 자신을 배신하고 돈을 들고 뛴 선배를 대신하여 자신의 돈으로 메꾸는 모습을 통해 환대의 극한적인 경우를 목격하네요.

길었습니다만, '추앙'이 되었든 '환대'가 되었든 그것을 그렇게 행동하기로 결단한 사람의 단단한 자기애가 바탕이 되어야 된다는 점입니다. 자신에 대한 극진한 신뢰가 없다면 결코 이루어질 수 없는 게 바로 추앙이자 환대입니다. 미움과 증오만으로는 자신을 구원할 수 없기에 그 정반대인 추앙과 환대를 선택한 두 주인공은 그렇게 스스로를 '해방'할 수 있는 가능성을 타진할 수 있었던 거지요. 그렇기에 자신의 과거와는 다른 삶을 선택할 수 있게 됩니다. 말 그대로 한 걸음 한 걸음 해방으로 힘겹게 걸어갈 수 있게 됩니다.

저는 이 드라마를 보면서, 우리의 글쓰기도 누군가(무언가)를 추앙하고 환대하면 좋겠다는 생각을 했습니다. 대상을 판단하지 않고 있는 그대로를 받아들이면서 그를 높이고 사랑하는 일, 그의 잘못에도 불구하고 그를 환영하고 대접하는 일. 그 추앙과 환대가 우리의 글쓰기에서도 일어났으면 좋겠구나 생각했습니다.

글쓰기 다이어트

글쓰는 일에 문장을 아끼는 것보다 더 좋은 것은 없습니다.
아끼고 아끼십시오.

뷔페식당에는 수많은 음식이 있지만 다 먹을 수 없습니다. 소화불능이기 때문입니다. 냉장고의 재료를 모두 사용하여 음식을 만들 수 없습니다. 요리가 될 수 없기 때문입니다. 마찬가지로 머리 속에 담긴 이야기를 모두 글로 쓸 수 없습니다. 집필 불가입니다. 그래서 우리는 뷔페에 가더라도 욕심을 줄이고, 자신이 먹을 수 있을 만큼만 그릇에 담습니다. 냉장고에 산해진미의 재료가 담겨 있더라도 요리에 필요한 재료만을 골라 손질하고 음식을 만듭니다. 머리 속에 수많은 아이디어가 담겨 있어도 글한 편 쓸 때에는 꼭 필요한 정보와 아이디어만을 뽑아 써야 합니다.

한편 글을 쓸 때에도 넉넉히 표현하는 것보다 적절하게 표현하는 것이 좋습니다. 과유불급(過猶不及), 넘치는 것보다 조금 모자란 듯 써야 합니다. 여유가 있어야 합니다. 그 여유의 공간에서 독자들은 자유를 얻습니다. 글을 쓰는 사람과 읽는 사람들 사이에서 이뤄지는 아름다운 관계입니다. 칼릴 지브란은 《예언자》에서 "함께 하는 그 자리에 늘 적절한 간격을 두어, 하늘의 맑은 바람으로 하여금 그대들 사이의 충분히 춤추게 하라."라고 말합니다. 《도덕경》 73장에는 "하늘의 그물은 넓고 넓어 성기지만 빠트리지 않는다.(天網恢恢 疏而不失)"라고 했습니다.

사람들의 관계도 간격과 여유가 있어야 하는 것처럼, 글쓰기에도 간격과 여유가 있어야 합니다. 문장과 문장이 너무 촘촘하면 독자의 개입이 불가능합니다. 혼자 이야기하고 혼자 주장하고 혼자 결론을 내리는 것은 좋은 글쓰기 태도가 아닙니다. 함께 질문하고 고민하고 이야기를 나눌 수 있는 글쓰기를 해야 합니다. 글의 형식적 측면에서는 문장을 아끼는 것보다 더 좋은 것은 없습니다. 가능한 한 많은 문장을 써서 표현하기보다는 적절한 분량의 문장을 쓰는 것이 효과적입니다. 중언부언(重言復言)보다는 간단명료(簡單明瞭)한 표현이 힘이 됩니다.

글쓰기도 다이어트가 필요합니다. 글을 쓰기 전에도, 글을 쓸 때에도, 글을 정리할 때에도 다이어트하는 마음으로 글을 쓰는 것이 좋습니다. 재료(글감) 선정에서 요리(집필) 과정, 마지막으로 플레이팅 과정(퇴고)에 이르기까지 넘치지 않고, 여유롭게 글쓰기를 실천합시다.

고치고 다듬기

독자도 창조합니다

작품을 다 쓰면 독자의 몫입니다.
독자가 알아서 사용할 것입니다.

만약에 코미디언이 우스꽝스러운 장면을 보이면서 이 장면이 왜 웃기는지를 설명하면 그야말로 썰렁해질 것입니다. 친절이 지나치면 화룡점정(畫龍點睛)이 아니라 사족(蛇足)이 됩니다. 글쓰기도 마찬가지입니다. 독자를 염두에 두고 글을 쓴다면 독자의 몫도 남겨두어야 합니다. 지나치게 친절한 묘사나 설명은 독자의 상상력을 제한하게 됩니다. 장면을 보여주는 것만으로도 충분히 메시지가 전달되었다면 굳이 메시지를 따로 설명할 필요는 없습니다. 독자를 신뢰하지 않는 작가는 좋은 글을 쓸 수 없습니다. 자긍심의 차원을 넘어 자뻑의 경지까지 작가가 도달한다면 독자에게 신뢰를 잃게 됩니다. 글쓰기는 작가가 홀로 고독의 시간을 건디며 쓰는 것이긴 하지만, 그 자리에 독자가 함께 글을 읽고 있다고 상상하는 것이 오히려 나을 수도 있습니다. 그 가상의 독자와 수다를 떠는 것도 재미있지만, 적절하게 이야기하다가 멈출 필요도 있습니다. 그런 점에서 공백이 있는 글쓰기, 상상력을 자극하는 글쓰기를 작가는 연습해야 합니다.

말을 낭비하지 말고 아낍시다. 작가의 입이 아니라 독자의 입을 통하여 말하게 합시다. 얼마 전 종결된 미국 드라마 〈바이킹스〉의 시즌6 마지막 회를 시청했습니다. 표류 끝에 아메리카(?)에 도착한 라그나 로스브로크의 아들 우베가 그곳에 미리 정착한 바이킹 장인(匠人) 플로키와 나누는 이야기가 마지막을 장식했습니다. 우베의 아버지이자 바이킹의 전설적인 왕인 라그나 로스브로크와 함께 온갖 역경을 겪은 플로키는 우베와 함께 바닷가에 인디언 담요를 두르고 나란히 앉아 있었습니다. 플로키가 우베에게 "나는 곧 죽을 것입니다."라고 이야기하자, 우베는 "그게 끝인가요?"라고 묻습니다. 플로키는 뭐라고 답했을까요?

침묵이었습니다. 카메라는 침묵 속에서 바닷가의 지는 해를 보여주고, 다시 앵글을 바꿔 그 지는 해를 바라보는 우베와 플로키를 투 샷으로 보여주며 드라마는 끝이 납니다. 엄청났던 바이킹의 역사를 정리하는 마지막 장면이었는데 침묵이라니. 그런데 그것으로 족했습니다. 아무 말 없는 침묵 속의 여운이 수많은 상상력을 자극하면서 나의 가슴을 뛰게 만들었습니다.

작품 속에 모든 것을 담을 필요는 없습니다. 독자의 개입을 허용하지 않는 작품은 오래 가지 못합니다. 여운이 남는 글은 독자를 제삼의 창작자로 만듭니다.

"독자도 창조한다. 읽기를 통해, 상상력을 통해!"

꼰대의 한도를 정합시다

도덕적 훈계를 하지 마십시오.
자신이 우월하다고 착각하지 마십시오.

살아온 세월만큼 겸손해져야 하는데, 날이 갈수록 꼰대가 되어갑니다. 꼰대란 무엇인가? 남들에게 충고, 조언, 평가, 판단을 하는 사람입니다. 문제는 그 기준이 주관적이라는 점입니다. 자신이 겪거나 생각한 협소한 경험치를 광대하게 넓혀 맥락 없이 남들에게 던지는 행위는 폭력에 가깝습니다. 그러면서도 폭력을 행사한다고 생각하지 않는다는 게 가장 큰 함정이지요. 꼰대의 늪에 빠지면 헤어나오기 힘듭니다. 꼰대질에 재미를 들이면 자신이 꼰대라는 자각도 서서히 사라져갑니다. 이 정도면 불치병이라 할 수 있습니다.

세련된 꼰대들도 있습니다. '~해라'라는 낯 뜨거운 명령어를 살짝 '~하자'라는 동반형으로 바꾸어 그 예각을 무디게 하거나, 유명한 사람의 말을 인용하면서 슬쩍 자기 생각을 얹는 방식도 있습니다. 또는 자기 생각이라는 것을 굳이 강조하면서 '아님 말고' 식으로 책임을 약화시키는 방식도 있고요. 논설이나 사설 등 주장하는 글쓰기에서는 어쩔 수 없이 꼰대질을 할 수밖에 없는 경우도 있습니다.

그럼 어찌할 것인가? 꼰대질의 한도를 정하는 것입니다. 한도는 양과 질의 차원이 있습니다. 양(量)의 차원에서는 살짝만 꼰대질을 하는 것입니다. 마치 뜨거운 라면 냄비를 맨손으로 옮기는 것처럼 살짝! 꼰대질을 오래 하면 자신도 데일 수 있다는 것을 느끼면서 살짝만 하는 것입니다. 한 문장이나 두 문장 정도. 그 것도 소리를 낮추어서! 질(質)의 차원에서는 모든 사람을 대상으로 싸잡아 하는 것이 아니라 특정한 상황에 놓인 사람에게만 적용될 수 있도록 그 범위를 좁히는 것입니다. 양시론이나 양비론을 피하면서, 구체적인 대상에게 구체적으로!

예전에 글쓰기를 할 때는 이왕에 뽑은 칼, 뭐라도 베겠다며 '조자룡이 헌창 쓰듯' 마구 휘둘렀던 적이 있습니다. 효과는 어땠을까? 상대방은 멀쩡하고 나만 만신창이가 되어 피를 흘리는 경우가 다반사였습니다. 그런데도 정신을 못 차리고 아무 칼이나 뽑고 있는 나 자신을 발견하기도 합니다. 그럴 때는 화들짝 놀라 칼을 도로 칼집에 넣으려고 노력하기도 합니다. 칼은 용도에 맞게 사용하는 게 좋습니다. 연필을 깎을 때는 연필 칼을, 과일을 깎을 때는 과도를 사용하듯, 말(글)이란 무기를 들 때는 무엇을 하려고 그 무기를 꺼냈는지 잊지 말아야 합니다. 노자는 말합니다. "칼을 오래 쓰려면 그 날을 무디게 만들어놔야 한다"라고. 내 칼은 너무 날카롭지 않은가요?

글쓰기의 스승

작가는 뻔한 것을 뻔하게 보지 않는 사람입니다.
사람들이 한 방향으로 달려갈 때 멈출 줄 아는 사람입니다.

글쓰기의 스승이 있습니까? 나의 글쓰기 최초의 스승은 이오덕 선생님이었습니다. 대학 시절, 지적으로 충만하고 기고만장했던 그 시절, 지식인들의 글쓰기를 비판하면서 어린이의 글쓰기를 모범으로 삼았던 분이 이오덕 선생님이었습니다. 남들이 알아듣지 못하는 멋진⑦ 글을 비판하고, 시골의 할머니들도 알아들을 수 있는 글을 지으라고 말했던 분이 이오덕 선생님이었습니다. 전문적인 한자어와 외래어가 뒤섞인 글이 아니라, 될 수 있으면 아름다운 우리말을 쓰라고 권유하신 분이 이오덕 선생님이었습니다.

그는 말합니다. "나쁜 글이란, 무엇을 썼는지 알 수 없는 글,

알 수는 있어도 재미가 없는 글, 누구나 다 알고 있는 것을 그대로만 쓴 글, 자기 생각은 없고 남의 생각이나 행동을 흉내 낸 글, 마음에도 없는 것을 쓴 글, 꼭 하고 싶은 말이 무엇인지 갈피를 잡을 수 없도록 쓴 글, 읽어서 얻을 만한 내용이 없는 글, 곧 가치가 없는 글, 재주 있게 멋지게 썼구나 싶은데 마음에 느껴지는 것이 없는 글이다."

강단의 지식인들이 보여주는 글의 풍경은 진부한 반면에, 오히려 이오덕 선생님이 예로 들었던 어린이들의 동시에서는 평범하지만 새로운 것을 발견할 수 있었습니다. 솔직한 감정을 속이는 어른들의 글을 보다가, '벌거벗은 임금'을 폭로하는 순진한 아이들의 글을 보면 통쾌하기까지 했습니다. 특이한 것을 찾고, 기이한 것을 기록하는 것이 좋은 글이 아니라, 평범함 속에서 진실됨을 이야기하는 글이 좋은 글임을 알게 되었습니다.

이오덕 선생님은 내가 글을 쓰는 태도부터 글을 쓰는 방향에 이르기까지 많은 가르침을 주었습니다. 평생 한 번도 마주해본 적은 없지만, 그 이후로 나는 이오덕 선생님을 글쓰기의 교사로 삼고 열심히 배웠습니다. 만약에 오늘날 뭔가 쉽고 진솔한 이야기가 내 글 속에 남아있다면 그것은 이오덕 선생님에게 배운 그것으로 생각합니다. 글이 막힐 때나 논리가 꼬일 때는 이오덕 선생님을 생각합니다. 그리고 어린이들과 노인들을 떠올립니다. 그들이 이해할 수 있는 글을 쓰고 싶습니다.

노자는 말합니다. 지혜는 쉬운 것이라고, 이를 아는 사람은 고개를 끄덕이고 실천하지만, 지식인들은 고개를 갸우뚱하며 의심합니다. 그리고 어리석은 사람은 이 쉬운 지혜를 비웃습니다. 그래서 노자는 냉소 섞인 말로 다음과 같이 말하기도 합니다. "비웃음을 당하지 않으면 지혜가 아니다."라고.

경계에 서서

보이지 않는 것을 보이게 하고
들리지 않는 것을 들리게 하고
이름 없는 것에 이름을 붙이는 것,
작가의 임무입니다.

세상 속에서 작가의 위치는 어디에 있을까요? 세상의 중심에서 세상을 돌리는 사람일까요? 중심 가까이에 있으면서 중심을 강화하는 사람일까요? 아니면 세상의 경계에 있으면서 안팎을 두루 볼 줄 아는 사람일까요? 아니면 세상 밖에서 세상을 바라보는 관조의 눈을 가진 사람일까요? 여러분은 작가의 위치를 어디에 놓습니까?

철학적 용어로 동일자와 타자의 문제라고 볼 수도 있는데요. 결속력 있는 이념이나 가치관으로 세상을 물들이고 싶은 사람은 동일자의 시선으로 세상을 바라보지요. 적과 나를 가르고, 내 편과 네 편을 가르고, 우리와 너희를 가르는 기준이 분명한 사람은 동일자의 세계관을 가지고 살아가는 사람입니다. 이때 내 편(우리)에게는 지극히 관용적이면서 네 편(너희)에게는 무관심하거나 적대적인 입장을 취하기 쉽지요. 자기 편이 아닌 사람을 끊임없이 자기 세상 밖으로 밀어내버리기도 합니다. 이런 세계에 사는 사람들은 자신이 원하는 것만 보고, 자신이 듣고 싶은 이야기만 듣습니다. 이런 세계에 속한 작가들은 많은 사람의 지지와 동의를 얻고 인기와 명예를 차지하기도 쉽습니다. 대부분 사람들이 듣고 싶은 이야기를 해주고 원하는 이야기를 발굴하기 때문입니다. 내부 시선을 강화하는 작가들이 많습니다.

이와는 달리 동일자의 세계에서 밀려나 소수가 되어버린, 타자의 세계에 관심을 기울이는 작가들도 있지요. 역사 속에서 형성된 타자들을 열거해보면, 서구적 관점에서 밀려난 동양, 제국의 관점에서 밀려난 식민지들, 백인의 관점에서 벗어난 유색인, 남성의 관점에서 벗어난 여성, 정상인(?)의 관점에서 벗어난 비정상인, 이성애의 관점에서 벗어난 다양한 성애들, 인간의 관점에서 벗어난 동물들은 타자 취급을 받았지요. 주류 역사에서 이방인 취급을 받았던 이들의 관점을 자신의 것으로 삼는 작가들도 있었습니다. 이들은 대부분 당대에 비난받으며 힘겹게 작가 생활을 해야만 했지요. '외부(타자)의 시선'을 도입하려 애쓰는 작가들입니다.

한편 이도 저도 아닌 경계선에 머물면서 안팎을 두루 살피는

'경계'의 작가들도 있습니다. 이들은 적과 아, 내 편과 네 편, 동일자와 타자의 경계선에서 양쪽을 모두 바라보는 이중의 눈을 갖습니다. 편가르기가 아니라 편지우기를 해나가기에 회색지대에 속한 사람들이라 말할 수 있는 이러한 유형의 작가들은, 양쪽 진영에서 모두 칭찬받지 못하고 욕을 먹는 경우가 허다합니다. 양쪽을 긍정하는 양시론(兩是論), 양쪽을 비판하는 양비론(兩非論)은 비겁하다고 평가받기도 하지요. 자칫 잘못하면 허무주의에 빠질 수 있기도 하고, 어느 곳에도 속하지 못했기에 비현실적인 사람이라고 오해받기도 합니다.

나는 아마도 이 회색지대에 속한 작가인 것 같습니다. 코스모스와 카오스의 경계에서 새로운 생성을 모색하고 있는 것 같습니다. 선명하게 이름 붙여진 것들과 이름 없는 것들 사이에서 조심스럽게 이름을 만들어가는 작가가 없지 않다고 생각합니다. 거대한 이름에 포섭되지 않는 작은 이름을 만들어내기, 거대한 소리에 가리워진 작은 소리에 귀기울이기, 너무 크거나 너무 작아서 포착되지 않는 것들을 바라볼 수 있는 시선 모색하기. 구분과 배제의 원리가 아니라 화해와 공생의 원리에 따라 이전에는 없었던 새로운 자리를 마련하기. 흰색도 검은색도 아닌, 그래서 계몽도 무지도 아닌, 아직은 뭐라 명명할 수 없는 애매모호한 지점에서 어둠에 친숙해지면서도 밝음을 모색하는 낯선 길을 찾아보고 싶은, 그런 작가이고 싶습니다. 여러분은 어떠십니까?

작가병(作家病)을 조심하십시오

자신도 설득하지 못하는 글을 쓰지 마십시오.
돌출하려는 글을 쓰지 마십시오.

소위 연예인병이라는 게 있습니다. 과시형 연예인이 걸린다는 병인데요, 자신이 남들보다 특이하고 특출나기에 일반인보다 나은 대접을 받아야 한다고 생각하는 병입니다. 갑질의 일종인 이 병은 남들이 자신을 잘 알아주지 않으면 삐지거나 화를 내기도 합니다. 그리고 자신은 대접받아 마땅한 사람이니 남들이 갖지 못한 것을 가져야 한다고도 생각합니다. 연예인 활동을 하다보면 다양한 협찬을 받게 되는데, 협찬을 받은 것은 다시 돌려주어야 하는 것입니다. 인기라는 것도 마찬가지입니다. 자신이 뛰어나 얻은 것이라고 생각하지만, 우연과 운의 결과물일 가능성이 더 높습니다. 결국 어느 정도 시간이 지나면 돌려주어야 하는 것입니다.

　자신의 것이 아닌 것을 자신의 것이라 생각하고 집착하게 되면 낭패를 겪게 됩니다. 한 번 얻은 인기가 영원하다고 생각하다가 인기가 떨어지면 우울증에 걸리거나 대인기피증이 나타나기도 합니다. 극단적인 경우에는 약물이나 알콜에 의존하는 경우도 있고 목숨을 잃는 경우도 있습니다. 그렇게 되지 않으려면 자신의 것이 아닌 것은 언제든지 돌려주어야 한다는 태도를 갖추는 것이 좋습니다. 대부분의 연예인은 비정규직이니 처지가 일반인보다 나을 것이 없습니다. 간혹 성공하여 오랫동안 빛나는 연예인이 없지는 않지만 그것은 부단히 노력하고 쉼 없이 변신한 결과입니다. 자신에게 진실한 사람만이 흔들리지 않고 연예 활동을 할 수 있습니다.

　이와 유사하게 작가에게도 작가병이라는 게 있습니다. 남들보다 운이 좋아 작품집이라도 한 두 권 내다보면, 게다가 정말 운이 좋아 잘 팔리게 되면 자신이 뭔가 대단한 사람인 것처럼 자신을 착각할 때 생기는 병입니다. 특히 작가는 지식이나 말을 다루는 사람이기 때문에 허황된 공상에 빠질 위험이 더욱 커집니다. 말이란 실체가 없는 것을 존재하는 것처럼 착각하게 만드는 힘이 있어서 잘못 다루면 허방길로 빠지기 쉽습니다. 책 한 두 권 쓰고나면 사방에서 '작가'라는 호칭을 붙여줍니다. 그 호칭이 잘못된 것은 아니지만, 그 호칭에 현혹되어 자신의 처지를 망각하는 경우가 왕왕 있습니다. 그러니 더욱 정신을 바짝 차려야 합니다. 책 한 두 권 냈다고 위대해질 리가 없습니다. 그냥 책을 낸 백수라고 생각하는 게 오히려 현실에 가깝습니다.

그러니 글을 쓸 때 과장하면 안 됩니다. 남들에게 잘 보이려고 유식한 말들을 골라 쓰거나 화려한 수식어를 꾸며 쓰는 것을 조심해야 합니다. 자신조차 납득할 수 없는 글로 남들을 납득시키려 해서는 안 됩니다. 화려함보다는 소박함을 기본으로 삼고 유식한 말보다는 평범한 말 속에 의미있는 뜻을 담는 것이 낫습니다. 남들에게 잘 보이려고 튀는 글을 쓰기보다 일상어의 위대함을 탐구하는 게 훨씬 삶에 도움이 됩니다. 백 마디의 웅변보다 한 마디의 진실에 더욱 힘이 있습니다. 글을 쓸 때는 덜고 덜고 덜어내십시오.

자나 깨나 글조심

글은 힘입니다. 힘을 남용하지 마십시오.

영국의 철학자 프랜시스 베이컨은 유창한 라틴어로 "아는 것이 힘이다(scientia potentia est)"라고 썼습니다. 중세 스콜라 철학에 대항하는 계몽주의 철학을 대표하는 명구가 되었지요. 20세기 철학자 미셸 푸코는 이를 뒤집어 "권력이 지식이다"라고 말합니다. 그의 주장에 따르면 권력은 지식의 전제 조건이며, 권력과 무관한 권력을 목표로 하지 않는 순수한 지식은 없습니다. 권력은 그냥 작동하지 않습니다. (세련된)권력은 지식을 통해 작동하고 지식은 권력을 통해 실현됩니다. 푸코는 이렇게 지식이 권력과 밀접한 관련이 있으며, 권력이 지식을 통해서 작동되는 것을 일컬어 '권력의 미시물리학'이라고 말했습니다. 이러한 권력이 작동하는 방식을 추적하는 것을 '권력의 계보학'이라고 명명합니다.

이런 복잡한 논의를 논외로 하더라도, 우리는 누구나 지식(혹은 지식인)이 힘이 있다는 것을 압니다. 학교에서 선생님이 학생들보다 우위를 점하는 것은 바로 이러한 지식(권력)의 속성 때문입니다. 작가들이 사회에서 나름의 대접을 받는 이유도 바로 이러한 지식을 생산하는 자들이기 때문이지요.

한편 우리는 "칼을 휘두르는 자는 칼로 망한다"라는 예수의 말도 알고 있습니다. 권력의 위태로움을 경고하는 말입니다. '다모클레스의 칼'이라는 말을 아시나요? 다모클레스는 유명한 아첨꾼이었는데, 시칠리아 시라쿠사의 참주인 디오니소스 2세가 한 올의 말총에 매달린 칼을 걸어놓고 다모클레스를 그 밑에 앉혔답니다. 자신의 권좌가 얼마나 위태로운 것인지를 알려주기 위해서이지요.

뭐 이 정도까지는 아니더라도, 작가들은 자신이 쓴 글의 힘과 위험함을 동시에 감지하는 것이 좋습니다. 글로 흥하는 자가 글로 망하기도 하는 법이니까요. 우리는 잘 나가는 작가들이 자칫 소홀히 글을 써서 낭패를 겪은 일들을 종종 목격하곤 합니다. 자신만 망치면 그나마 다행이지요. 자신의 글로 남들의 삶을 엉망으로 만들 수도 있습니다. 글은 칼과 같습니다. 정말로 조심하고 조심할 일입니다.

《도덕경》 30장에 이런 구절이 있습니다. "전쟁에 능한 사람은

성과를 내면 곧 그치고, 강함에 의존하지 않습니다. 승리했어도 뽐내지 않고, 자랑하지 않고, 교만하지 않습니다. 어쩌다 이겼다고 말하고, 강해서 이겼다고 하지 않습니다." 글쓰기에 능한 사람이라고 어찌 다르겠습니까. 힘이 있을 때, 잘 나갈 때 더욱 조심해야 합니다. 글(힘)을 함부로 쓰지 마세요.

필요한 만큼만 써라

글을 낭비하지 마십시오.

적당할 때 멈추십시오.

적당할 때 멈춰야 위태롭지 않습니다.

글쓰기를 같이 공부하는 문우들에게서 "어느 정도까지 써야 하느냐?"라는 질문을 종종 받습니다. 제 대답은 "필요한 만큼! 꼭 그만큼!"입니다.

쓰고자 하는 말을 끝까지 못 쓰는 것도 문제지만, 그만 써도 되는데 길게 쓰는 것이 실력이라고 착각하거나, 멋진 말을 추가하는 것이 좋을 것 같아 지나치게 인용을 많이 하거나, 관련 없는 것들을 생각나는 대로 쓰는 것은 사족(四足)을 넘어 민폐(民弊)에 가깝습니다.

그러면 어느 만큼이 필요한 만큼일까요? 상황(조건)과 목적에 맞는 만큼입니다. 술자리를 한 번 생각해봅시다. 간단히 한 잔 마시고 헤어질 자리에서 많은 술이나 안주를 시키는 것은 상황에 맞지 않습니다. 소주잔을 내밀었는데 소주를 병째 들이붓는 것은 어리석습니다. 넘치는 술은 모두 버려질 뿐만 아니라 주변을 더럽히기까지 합니다. 따라서 글을 쓸 때에는 항상 글쓰기의 상황(글의 환경, 독자, 원고의 분량)에 맞춰야 합니다. 간단히 술 한 잔 할 상황이라면 술과 안주(글감) 역시 넘쳐서는 안 됩니다.

글쓰기 교과서에서는 하나의 글은 하나의 주제만 담으라고 말합니다. 만약에 다루고자 하는 주제가 둘이라면 그 중에서 핵심으로 다루어야 할 주제가 무엇인지 결정하고 그를 중심으로 써야 합니다. 대등한 주제를 다루고 있다면 차라리 글을 나누어 두 편을 쓰는 것이 맞습니다.

우리는 수없이 많은 글을 씁니다. 원고청탁은 차라리 분량이 정해져 있으니 다행입니다. 상황(원고청탁자의 요구)에 맞춰 주어진 분량에 어울리는 글을 쓰면 됩니다. 한편 다양한 매체에 자유롭게 글을 쓰는 경우도 있습니다. 예를 들어 SNS에 글쓰기를 할 때에는 일단 한 화면 안에 들어올 만큼만 쓰는 것이 효과적입니다. 화면 넘기기(스크롤)를 해야할 만큼 많이 쓰면 접근성과 호감도가 떨어집니다. 이는 엽서 쓰기나 포스터 그리기와 비슷합니다. 짧은 분량이니 만큼 압축적이고 정확한 메시지가 전달되도록 쓰면 됩니다.

무언가 설명하거나 논증해야 할 글쓰기라면 그보다는 많은 분량이 필요하겠지요. 설명이 부족하거나 논증이 치밀하지 않을 때는 글이 허술해져 보여 좋은 반응을 얻기 힘듭니다. 하지만 지나치게 상세한 설명이나 복잡한 논증은 그것을 읽는 독자의 흥미를 감소시키거나 집중도를 떨어뜨릴 수도 있습니다. 그래서 글쓰기 교과서에서 가장 애매하지만 가장 많이 쓰는 표현이 있습니다. "적당히 쓰라."

동양철학적으로는 중용(中庸)의 도라고 하는데, 모자라지도 넘치지도 않게 쓰는 것, 꼭 필요한 만큼만 쓰는 것, 쓰기에도 전진하기와 멈추기의 기술이 필요합니다. 글을 낭비하지 마십시오. 적당할 때 멈추십시오. 적당할 때 멈춰야 위태롭지 않습니다.

글쓰기의 티키타카

모자란 듯한 글이 좋은 글입니다.
어눌한 듯한 글이 좋은 글입니다.
틈을 만드십시오.

　일상적 대화는 상대방을 필요로 합니다. 내가 말하면 상대방이 응수하고, 또 내가 말하고……. 쿵짝이 맞는다고나 할까요? 요즘 말로는 티키타카(tiki-taka)라고 하는데요, 원래 티키타카라는 말은 축구에서 사용되는 짧은 패스를 빠르게 주고 받는 경기 전술에서 왔다고 하더라고요. 2006년 월드컵에서 스페인 대 튀니지 경기를 논평하며 스페인 방송인이 처음으로 사용했다고 전해지는데, 스페인어로 쓰면 tiqui-taca라고 쓴다네요. 인터넷 쇼핑몰에서는 티키타카라는 장난감을 팔고 있는데, 영락없이 내가 어릴 적 갖고 놀던 '딱딱이'더라고요. 두 줄 끝에 나무공이 매달려 상하로 흔들면 위아래로 딱딱 소리가 나던 장난감 말입니다.

　말에서만 티키타카가 필요한 것이 아니라 글쓰기에서도 티키타카가 필요합니다. 작가의 공간이 있다면 독자의 공간도 마련하는 것이지요. 손바닥이 마주쳐야 소리가 나듯이, 독자의 공감과 개입을 적극적으로 활용하는 글이 좋은 글입니다. 독자를 염두에 두지 않고, 작가만의 소리로 꽉 채워진 글은 공감을 얻어내기 힘듭니다. 글을 읽으면서 독자가 상상의 나래를 펼치고 작가의 말에 호응할 수 있을 때 살아 있는 글이 됩니다.

티키타가가 없는 글도 있습니다. 왜 그런 거 있잖아요? 앞부분만 읽어도 뒷부분이 뻔히 상상되는 글, 인물이나 스토리가 너무 전형적이어서 안 봐도 본 듯한 글 말입니다. 이런 글을 읽으면 지나치게 뻔한 스토리의 국뽕 영화를 볼 때처럼, 맥이 탁 풀리고 맙니다. 그래서 요즘 세련된 드라마들은 하나의 해석으로 끝나지 않는 열린 결말로 끝나는 경우가 많지요. 최근에 본 〈오징어게임〉만 하더라도 시청자들이 각자 자기 처지에서 다양하게 감정이입을 할 수 있고, 보는 관점에 따라 다양한 해석이 가능한 드라마라는 생각이 들더라고요. 그래서 전세계 시청자들이 각자 자신의 처지를 이야기하며 열광하게 되는 것 아닐까요?

꽉 차 있지 않아서 뭔가 모자란 듯하고, 다 말하지 않아서 뭔가 어눌한 듯하고, 빽빽하지 않아서 뭔가 틈이 있어 보이는 글이 독자들의 호응을 받는 이유는, 독자들이 그 속에 개입하여 즐겁게 티키타카를 할 수 있기 때문이 아닐까요? 하고 싶은 말 쓰고 싶은 글을 다 쓰지 마세요. 글에 틈을 만들어 두세요. 모든 생명은 그 틈을 뚫고 자랍니다. 작가와 독자도 그 틈에서 즐겁게 서식하며 살아갈 수 있습니다.

비움의 글쓰기

글을 채우는 것만큼이나 글을 비우는 것이 중요합니다.
없애고 없애야 합니다. 억지꾸밈을 지우십시오.

'미니멀리즘'이 유행한 적이 있습니다. 삶에서 필요한 부분만 남겨놓고 모두 없애는 것인데, 꼭 필요한 것만 남겨놓고 없애는 일은 그리 쉬운 일이 아닙니다. 저만 하더라도 사립도서관을 운영하다보니 매년 사들이는 책이 많고 그 책들을 모으다 보면 책에 치일 정도로 어마어마한 책들이 쌓이게 됩니다. 그래서 처음에는 어떤 책이 어디에 있는지 기억을 통해서 금새 확인할 수 있었는데, 이제는 어디에 있는지 너무 많은 책들 속에서 확인할 수 없게 되더라고요. 그래서 있는 책을 찾지 못하고, 또는 있다는 것을 기억하지 못하고 다시 구입하는 사태가 생깁니다.

진작에 정리했어야 했습니다. 구입했을 때에는 사연이 있었지만, 이제는 시효가 다한 책들도 버리지 못하게 되자, 결국에는 짐이 되고 말더라고요. 그래서 한 번 크게 정리하자 다짐하고 책을 선별하는데, 버리자니 아깝고 남겨두자니 짐이 되어 버려서 이러지도 저러지도 못하게 되더라고요. 머리는 분명히 알고 있어요, 버려야 한다고. 버리지 않으면 결국 책더미에 쌓여 오히려 삶에 혼란만 올 거라고.

미니멀리즘이 생활에만 필요한 것은 아닙니다. 글쓰기에도 반드시 필요한 것이 바로 미니멀리즘입니다. 요즘에는 대부분의 글을 종이가 아니라 컴퓨터 화면에 자판으로 쓰게 되는데, 이 자판으로 글쓰기를 하다보면 문장의 낭비가 심해집니다. 손에 펜을 들고 쓰는 데는 많은 에너지가 필요하지만, 자판 글쓰기는 에너지가 비교적 적게 들지요. 그러다보면 꼭 필요한 문장만 쓰게 되는 것이 아니라, 불필요한 문장이나 빼도 충분한 문장이 쉽게 추가되기도 합니다. 그것을 그대로 방치하다보면 낭비적 글쓰기가 됩니다. 문장은 넘쳐나는데 읽을 것이 별로 없는 글은 좋은 글은 아닙니다.

소설가 헤밍웨이도 퇴고 과정에서 엄청나게 많은 글을 지웠는데요, 그의 지우기 원칙은 일반원칙과 다르더라고요. 남들은 멋진 문장은 남겨두는데, 헤밍웨이는 멋진 문장은 지운다고 합니다. 그만큼 문장 형식의 세련미를 거두고 알맹이만 남겨놓겠다는 도저한 글쓰기 정신이 헤밍웨이에게는 있는 것 같습니다. 내용은 부실한데 포장만 그럴 듯한 글이 아니라, 포장은 소박하지만 내용이 알찬 글을 꾸며야겠습니다. 그러려면 글을 채우는 것만큼이나 글을 비우는 것이 중요합니다. 불필요한 문장, 겉멋든 문장을 없애고 없애야겠습니다. 비움의 글쓰기가 필요합니다.

지우는 일도 창작입니다.

자신이 써놓은 글에 너무 집착하지 마십시오.
사라지는 것을 두려워하지 마십시오.

《광장》의 작가 최인훈은 기회가 있을 때마다 자신의 작품을 수정하고 개고하여 다시 책을 만듭니다. 이와 반대로 《칼의 노래》의 작가 김훈은 자신이 쓴 소설은 다시 보지 않는다고 합니다. 두 태도는 얼핏 보면 반대 행위처럼 보이지만 그 속을 깊이 보면 같은 정신을 공유하고 있습니다. 자신이 써놓은 글에 집착하지 않는다는 점에서 말입니다. 다시 쓰기는 이전 쓰기를 지우는 일이고, 다시 보지 않기는 이전 쓰기를 잊는다는 것입니다. 과거의 것을 지우고 새로 쓰는 일도 용기이고, 한 번 쓴 것을 거들떠 보지 않는 것도 용기입니다.

인생에 완성이 없듯이, 글쓰기 또한 그렇습니다. 완벽한 작품은 애당초 존재하지 않습니다. 삶이나 글쓰기나 모두 미완(未完)의 과정일 뿐입니다. 이 미완의 과정을 고치며 나아가거나, 잊고 새롭게 시작해야 합니다. 지식중계인을 자부하는 유시민은 1988년에 썼던 《거꾸로 읽는 세계사》를 2021년에 전면 개정하여 다시 내놓았습니다. 물론 1995년에 개정판이 나오기는 했지만 이는 부분 수정과 보완 정도에 그쳤던 것이고, 2021년판처럼 전면 개정하여 새로 쓴 것은 아니었습니다. 80년대 청년 유시민과 2021년 초로(初老)의 유시민은 같지만 다른 사람입니다. 삶이 그렇게 흐르듯 글쓰기 또한 그렇게 흐릅니다. 지우거나 새로 쓰거나.

2010년도에 열반한 법정 스님은 불교적 에세이로 무소유(無所有)의 가치를 널리 전파한 수필가였습니다. 그는 유언으로 자신이 쓴 책을 더 이상 출간하지 말라고 당부했습니다. 자신의 삶이 자신의 소유가 아니듯이, 자신의 책도 그러한 운명이기를 바랐던 것입니다. 물론 출판계는 이러한 스님의 유언을 따르지 않았습니다. 덕분에 스님의 청빈한 태도는 그의 책을 통해 계속해서 우리에게 영향을 주고 있습니다.

버리거나 없애는 일은 마이너스의 태도이지만 그 결과는 풍성한 플러스를 만들어냅니다. 지저분한 방을 대청소하였을 때의 상쾌함을 상상해보십시오. 집착이 사라지면 여유가 생깁니다. 여유가 생겨야 새로 뭔가를 시작할 수 있습니다. 성공하거나 실패한 과거에 집착하는 사람은 미래를 개척할 수 없습니다. 거주에 집착하는 사람은 여행을 떠날 수 없습니다. 글쓰기도 그러합니다. 자신이 써놓은 글에 너무 집착하지 마십시오. 사라지는 것을 두려워하지 마십시오. 지우는 일도 버리는 일도 창작의 일부분입니다.

윤활유가 필요해

때로는 임기응변이 필요합니다.
임기응변의 용도는 변명이 아니라
억지를 없애기 위해서입니다.

대학시절 글쓰기 교과서에서는 문단은 통일성, 연관성, 유연성, 완결성이 필요하다고 배웠습니다. 통일성이란, 한 문단에서 다루는 주제(topic)는 하나라는 뜻입니다. 예를 들면 얼굴을 묘사하는 문단에 갑자기 손이나 발 이야기가 나오면 통일성을 저해하는 문장이지요. 이 손발 문장은 얼굴이라는 주제를 다루는 것과 어떤 연관도 없어요. 뜬금없는 문장이고 삭제해야 할 문장인 셈입니다. 유연성은 글의 흐름과 관련된 것인데, 얼굴을 묘사할 때 얼굴 모양, 눈, 코, 입, 귀 순서로 쓰면 자연스럽다는 겁니다. 얼굴 모양, 귀, 코, 눈, 입 이런 순서로 묘사하면 어색해요. 시선의 흐름이 자연스럽지 않고 엎치락뒤치락하게 되니까요. 마지막으로 완결성은 얼굴에 포함되는 요소들을 하나도 빠짐없이 써야 한다는 겁니다. 눈이나 입이 빠지면 얼굴이 완결되지 않으니까요.

이건 묘사의 문제이고요. 논리적인 글을 쓸 때에도 주장만 있고 논거가 턱없이 부족하거나, 논거와 주장이 관련이 없거나, 주장을 뒷받침할 강력한 논거가 없다면 글로는 부족함이 많겠지요. 부족함이 없다고 하더라도 문장의 순서가 어색하면 물흐르듯이 읽히지 않고, 글이 술술 읽히지 않으면 설득력이 부족하게 됩니다. 일단 지루하니까요. 글쓰기는 다루는 영역을 분명히 하면서 부족함 없이 자연스럽게 글을 써야하는 거지요. 말이야 쉽지만 사실 글을 쓰다보면 부족한 부분이 눈에 띄게 됩니다.

그래서 글쓰기 차원에서도 임기응변(臨機應變)이 필요하게 됩니다. 임기응변은 남을 속이려는 마음이 아니라 부족함을 보완하려는 정성이라 생각하면 어떨까요? 어쩌면 글쓰기의 임기응변은 미팅 전의 마지막 화장술에 비유할 수 있을 것 같습니다. 상대방을 만나기 전에 상대방에 대한 최소한의 예의인 것이지요. 화장실에 가서 용모는 단정한지 잡티나 흠은 없는지 마지막 점검을 하는 것입니다. 그래서 부족한 부분이 있으면 채우고, 넘치는 부분은 덜어내고, 잘못된 부분은 지우는 행위가 바로 임기응변입니다.

자동차가 부드럽게 굴러가려면 윤활유가 필요하듯이, 글이 술술 읽히려면 임기응변이 필요합니다. 윤활유 없이 자동차를 억지로 굴리면 엔진이 과열되고 결국 운전이 불가능하듯이, 글쓰기에 임기응변이 없다면 글이 잘 읽히지 않고, 억지로 읽는다고 하더라도 글이 뻑뻑해서 중도에 읽기를 포기하게 되겠지요. 결국 글쓰기의 관건은 임기응변을 어떻게 잘 할 것인가에 달려 있다고도 말할 수 있겠네요. 글쓰는 사람의 입장에서는 퇴고가 될 것이고, 편집자의 관점에서는 교정과 교열이 되겠네요. 무엇이 되었든 글쓰기는 끝까지 최선을 다해야 합니다. 끝날 때까지 끝난 것은 아니니까요.

마음을 잘 운전하세요

모난 글에 다치지 않도록, 날카로운 글에 베이지 않도록,
높은 글에 추락하지 않도록, 빛나는 글에 눈부시지 않도록

밖을 살펴 글을 쓰려는 사람은 우선 안으로 마음을 살펴보아야 합니다. 흥분된 마음으로 밤새 썼던 연애편지를 아침에 다시볼 때 창피했던 경험이 누구나 한두 번쯤은 있을 겁니다. 그대로보냈다가는 얼마나 후회막급일지요. 감정에 휘둘리거나 조급해서는 글쓰기가 제대로 되지 않습니다. 글쓰기에는 정성이 들어가 있어야 합니다. 그 정성의 처음은 마음을 다스리는 것입니다. 정성스런 마음에서 우러나와 정성스럽게 쓰는 글은 품격이 있습니다.

SNS 글쓰기는 이와는 달리 신속성과 즉흥성에 기대는 바가큽니다. 카톡이나 페이스북, 인스타그램에 글을 쓰는 많은 분들이 별 생각없이 그때그때의 감정을 그대로 배설하는 경우가 많습니다. 특히 댓글의 경우에는 감정이 날 것으로 드러나 민망한글도 수없이 많습니다. 소위 악플이라 불리는 글쓰기는 익명성에 숨어서 상대방에게 상처를 주는 재미를 즐기는 듯하기도 합

니다. 영혼 없는 댓글도 보기 힘들지만, 악의를 품은 댓글은 정말로 할 말을 잃게 만듭니다.

하이데거는 "언어는 존재의 집"이라고 말했습니다. 언어는 남에게 쏟아내는 것 같지만 결국 자신을 이루는 재료입니다. 오물과 가시로 뒤덮인 집은 외부의 존재뿐만 아니라 내부의 존재도 더럽히고 상처를 주기 마련입니다. 그러므로 글을 쓸 때에는 그 글이 우선 자신을 향한다고 생각해야 합니다. 상대방이 자신에게 그러한 언어를 구사해도 괜찮은지 생각해 보세요.

더 나아가 기독교든 불교든 자신을 드러내는 선행을 금하고 있습니다. 자신을 빛내면서 남을 업수히 여기는 마음이 있다고 보았기 때문입니다. 품격은 자신을 낮추는 데서 드러납니다. 겸손이 품격이지요. 당연히 품격있는 글은 자신을 높이고 빛나게 하는 글이 아닙니다. 노자는 상선약수(上善若水)라 하여, 물과 같은 마음을 가지라고 당부합니다. 아낌없이 주고, 다투지 않고, 낮은 곳에 거하는 마음이지요.

그러니 남에게 보이는 글은 조심하고 조심해야 합니다. 조심(操心)이란 말은 마음의 조종간을 잘 잡으라는 말입니다. 운전대를 놔버린 자동차는 반드시 사고가 나게 되어 있습니다. 당사자뿐만 아니라 상대방을 다치게 합니다. 마음을, 글을 잘 운전하세요. 모난 글에 다치지 않도록, 날카로운 글에 베이지 않도록, 높은 글에 추락하지 않도록, 빛나는 글에 눈부시지 않도록!

문장을 지나치게 꾸미지 마십시오

글을 쓸 때는 문장을 이리저리 뒤집지 마십시오.
글을 망치게 됩니다.

노자의 《도덕경》 60장의 시작은 이렇습니다. "큰 나라 다스리는 것은 작은 생선을 굽듯 해야 하는 법이다.(治大國 若烹小鮮)" 여기서 핵심어는 '작은 생선'입니다. '큰 생선'을 구울 때는 크기도 크고 살집도 있어서 토막을 내 여러 번 뒤집어가며 굽습니다. 하지만 '작은 생선'은 통째로 굽는 것이 보통입니다. 특히 크기가 작아서 여러 번 뒤집으면 살집이 떨어져 나가기 때문에 은근한 불에 익을 때까지 조심조심 구워야 합니다. 생선에만 주목하면 중요한 대목을 놓치는데요, 앞의 전제가 있습니다. '큰 나라를 다스리는 것'입니다. 참으로 역설적입니다. 큰 나라는 굵직굵직하게 다스리고 작은 나라는 세심하게 다스려야 한다고 생각할지 모르지만, 오히려 큰 나라일수록 다양한 문제가 발생하기 때문에 더욱 세심하게 조심조심 다스려야함을 말하는 겁니다.

이를 글쓰기에 적용해 보자면, 사이즈가 큰 글을 쓸 때에는 오히려 그것의 구성 요소인 문단과 문장에 더욱 세심한 신경을 써야 한다고 말할 수 있습니다. 물론 글의 단위로 치자면 가장 작은 단위는 단어겠지요. 전달하고자 하는 의미를 잘 전달하는 적확한 단어를 사용하는 것은 모든 글쓴이의 의무이고 끝없는 과제입니다. 아무리 오래, 많이 글을 써도 새로 배워야하는 단어도 많고, 시대상황에 더 부합하는 단어들도 있지요. 최근에는 성인지 감수성에 부합하는 단어를 새로 배우고 쓰는 것도 중요하겠네요.

그래도 글쓰기의 시작은 문장 쓰기라 할 수 있습니다. 문장이야말로 글쓰기의 기초 단위입니다. 그래서 글쓴이는 부단히 문장을 쓰는 연습을 해야 합니다. 문장 쓰기의 원칙은 짧게 쓰라는 겁니다. 물론 모든 문장을 짧게 쓰는 것은 불가능합니다. 하지만 될 수 있으면 문장은 간단하고 명료하게 쓰는 게 좋습니다. 튀는 문장, 긴 문장, 복잡한 문장보다는 평범한 문장, 짧은 문장, 단순한 문장을 쓰는 것이 좋습니다.

문장을 쓸 때 특히 유의할 점은 주변 문장과의 조화와 호응입니다. 대부분의 사람이 평상복을 입고 있는데 혼자만 연미복을 입는다면 참으로 어색하겠지요. 문장도 마찬가지입니다. 홀로 튀는 문장은 문단 전체로 볼 때는 과한 화장처럼 느껴집니다. 문장과 문장이 자연스럽게 호응하고 조화하도록 해야 합니다. 문장을 쓸 때는 '화장'보다는 '진심'을 담아 담담하게 쓰는 것이 좋습니다. 문장을 지나치게 꾸미지 마십시오.

평상심을 유지 하십시오

억지 없는 문장을 쓰고 억압 없는 글을 만드십시오.
담담한 글이 맛있는 글입니다.

　노자의 《도덕경》63장은 이렇게 시작합니다. "행동은 억지가
없게, 일은 사고나지 않게, 식사는 자극적이지 않게.(爲無爲 事無事 味
無味)" 축제나 이벤트나 잔치를 매일 할 수는 없겠지요. 우리가 살
고 있는 매일은 무사하고 별일 없이 사는 것이 최고입니다. 노자
의 《도덕경》12장에 "온갖 색깔이 사람 눈을 멀게 하고, 온갖 소
리가 사람 귀를 먹게 하고, 온갖 맛이 사람의 입맛을 상하게 한
다.(五色令人目盲, 五音令人耳聾, 五味令人口爽.)"라는 구절도 있습니다. 자극적
인 색과 소리와 맛이 몸에는 안 좋다는 거지요.

　인류가 주식(主食)으로 삼은 식재료들은 대부분 맛이 싱겁습니
다. 쌀, 보리, 밀, 옥수수의 맛은 자극적이지 않습니다. 그래야 오
래 먹을 수 있고, 자주 먹을 수 있고, 많이 먹을 수 있기 때문입
니다. 반찬이나 소스는 조금 간이 들어갑니다. 너무 싱겁거나 너
무 짜면 반찬으로 먹기 힘들겠지요. 외식을 할 경우에는 가정식

보다는 자극적이고 별난 맛을 선호합니다. 특별한 경우지요. 요즘 음식문화를 보면 맛보다는 건강을 더 생각하더군요. 건강한 식단은 본래의 식재료 맛이 잘 살아나는 식단이랍니다. 큰 병을 한 번 경험한 아내는 집에서 주로 식재료 그대로 먹는 것을 선호합니다. 따라 먹어야 하는 처지다 보니 저 역시 예전보다는 건강해졌습니다.

오래 읽히고, 자주 읽히고, 많이 읽힐 수 있는 글 역시 마찬가지입니다. 억지가 없어야 합니다. 자극적이지 않아야 합니다. 글쓴이의 평상심이 잘 드러나는 글입니다. 너무 흥분되거나 우울할 때 글을 쓰면 평상심을 담아내기 힘들겠지요. 평상심을 유지할 수 있어야 오래 쓰고, 자주 쓰고, 많이 쓸 수 있습니다. 평상심 없이 억지로 쓰면 글을 오래, 자주, 많이 쓸 수 없습니다. 따라서 글쓴이는 평상심을 유지하려는 노력을 해야 합니다.

올림픽에서도 종종 우승후보들이 어이없이 예선에서 탈락하는 경우가 있는데요, 컨디션의 문제도 있었지만 평상심을 유지하지 못해서 지거나 탈락하는 경우가 많습니다. 억지로 이기려고 하면 오히려 집니다. 차분하게 마음을 가라앉히고 평소에 하던 대로 해야 제 실력을 발휘할 수 있습니다. 글을 쓸 때도 마찬가지입니다. 억지로 잘 쓰려고 하면 오히려 잘 쓰지 못하게 됩니다. 억지로 쓴 글은 어색합니다. 자극적인 글은 잠시만 읽힐 뿐입니다. 담담한 글을 써보세요. 꾸밈 없는 원래의 맛을 내보세요.

헤밍웨이의 퇴고법

좋은 작가는 좋은 문장을 아낍니다.
좋은 무사가 칼뽑기를 아끼듯이.

훼밍웨이의 글쓰기에 대해서 조금만 자세히 살펴보겠습니다. 《노인과 바다》로 유명한 미국의 소설가 헤밍웨이는 독특한 글쓰기 버릇이 있습니다. 그는 서서 타자기로 글을 썼다고 합니다. 앉아서 글을 쓰면 자세가 방만해지고 느슨해져 글이 써지지 않아서일까요? 어쨌든 헤밍웨이의 꼿꼿한 기상을 느낄 수 있습니다. 또한 그는 밝은 시간에 글을 썼다고 합니다. 주로 오전에 글을 썼습니다. 정해진 분량 만큼만 쓴 것도 유명합니다. 글이 잘 써진다고 내처 쓰지 않았습니다. 글을 쓴 후에는 충분히 휴지 시간을 가졌다고 합니다. 또한 그는 다음날 글을 쓸 때 이전에 쓴 원고를 처음부터 다시 읽으며 교정하고 글을 썼습니다. 그러니 소설의 뒤로 가면 갈수록 진도는 훨씬 늦어졌겠지요. 내리 초고를 쓰고 나중에 퇴고를 하는 대부분의 작가와는 다른 글쓰기법입니다. 그는 끊임없이 퇴고를 했습니다.

마지막으로 가장 이상한 헤밍웨이의 퇴고법을 소개하겠습니다. 헤밍웨이는 글을 퇴고하다가 멋진 문장이 보이면 지웠다고 합니다. 그 멋진 문장에 사로잡혀 나머지 문장들이 빛을 잃거나 균형감을 상실할까봐 걱정이 돼서였을까요? 우리같이 평범하게 글쓰는 사람들에게는 이해가 되지 않는 퇴고법입니다. 헤밍웨이의 작품 속에는 빛나는 문장이 많던데 그런 문장들은 어떻게 살아남은 걸까요? 신기한 일입니다.

하지만 곰곰 생각해보면 이해 못할 바도 아닙니다. 사실주의 작가였던 헤밍웨이에게 멋진 문장은 사실을 전달하는 것이 아니라 꾸밈이 강화된 문장일 수도 있고, 꾸밈이 강하다면 현실과는 거리가 먼 추상적 문장일 가능성이 높습니다. 그러니 공중을 날아다니는 추상적인 문장, 장식적인 문장들을 지우고, 뼈와 근육으로만 이어진 단단한 문장으로 글을 쓰고 싶었던 것이 아닐까 생각해봅니다. 온갖 문장을 남용하지 않고 핵심이 되는 문장으로만 이어지기를 간절히 바랐을 수도 있습니다. 추상에서 내려와 구체를 잡아채는 문장을 쓰려했던 헤밍웨이의 모습이 그려집니다.

생각나는 대로 문장을 쓰는 버릇은 작가에게 좋은 버릇이 아납니다. 문장을 쓰기 전에 생각해보고 공글려야 합니다. 이 문장은 꼭 필요한 문장일까 스스로 질문해보는 것도 좋은 습관이겠네요. 그렇다 하더라도 글을 쓸 때에는 모든 문장을 세심하게 고려할 수 없는 경우가 많습니다. 그렇기에 헤밍웨이는 다시 글을 쓰는 다음날 자신의 문장을 고치고 또 고친 것이겠지요. 그런 의미에서 퇴고는 단순히 문장을 고치는 것이 아니라 새롭게 글을 쓰는 것입니다. 허세와 꾸밈을 줄이고, 자신이 이야기하고 묘사하고픈 것에 육박하는 문장을 쓰는 것입니다. 그렇게 문장을 아끼고 아껴서 좋은 작가가 되십시오.

빙산이론

아는 체 하지 마십시오.

작가가 뒤로 물러서야 독자가 앞으로 나섭니다.

독자가 앞으로 나서면 작가는 영원해집니다.

작가의 작품과 독자 사이는 묘한 긴장관계가 있습니다. 마치 미팅과 같다고나 할까요. 미팅을 나갔는데 상대방이 너무 말이 많으면 끼어들 여지가 사라져 오히려 지루해질 때가 있지요. 그 반대로 뭐라도 이야기를 해서 분위기를 조성해야 하는데, 서로 말없이 주뼛거리면 분위기가 썰렁해지고요. 티키타카가 잘 되어야 미팅 분위기를 원활하게 만들 수 있지요. 마찬가지로, 작가는 작품 속에 얼마나 많은 내용을 담아야 할지 생각해봐야 합니다. 시시콜콜하게 모든 이야기를 다 담다보면 독자가 상상할 영역이 사라져서 작품이 지루해지거나 뻔해질 수가 있지요. 애매한 표현이지만 '적당히' 해야 합니다.

헤밍웨이도 작품을 쓸 때 이러한 문제에 대해서 고민을 많이 했습니다. 그의 글쓰기 이론 중에는 '빙산이론(iceburg theory)'이라는 게 있는데요. 헤밍웨이의 말을 직접 들어보지요. "난 늘 빙산 원칙에 따라 글을 쓰려고 노력합니다. 우리 눈에 보이는 부분마다

물 밑에는 8분의 7이 있죠. 아는 건 뭐든 없앨 수 있어요. 그럴수록 빙산은 더 단단해지죠. 그게 보이지 않은 부분입니다." 빙산 이론은 한 마디로 생략할 수 있고 생략해야 할 것은 뭐든지 없애는 것입니다. "글을 쓰는 데에는 여러 가지 비결이 있습니다. 글을 쓰다가 어떤 부분을 생략할 때, 그 순간에는 어떻게 보일지 모르지만 생략해서 잃어버리는 것은 아무것도 없으며, 생략된 부분은 언제나 남아 있는 부분을 더욱 강력하게 해줍니다." 헤밍웨이는 생략을 작품의 힘을 약화시키지 않고 더욱 강력하게 만드는 방법이라 보았습니다. 이때의 생략은 독자에 대한 배려이기도 합니다. 독자에게 경험을 전달하는 데 불필요한 모든 것을 없애는 것은, 이야기에 구멍을 만드는 것이 아니라 독자의 상상력으로 빠진 부분에 다리를 놓을 수 있는 재미를 더해줍니다.

초보작가들은 모든 것을 처음부터 끝까지 자신이 해결하려 하지만, 그렇게 되면 독자들과 함께 할 수 있는 공간이 좁아지거나 사라지게 됩니다. 독자들도 작품 안에서 놀 수 있게 해줘야 합니다. 콘서트장에 가면 가수들이 때로 마이크를 관객석으로 넘기기도 합니다. 이때 관객들이 떼창으로 화답하면 콘서트장은 그야말로 축제 분위기가 되지요. 가수가 관객에게 마이크를 넘기듯이, 작가도 독자에게 숨겨진 이야기를 넘겨야 글이 재미있어집니다. 작가는 잠시 물러서고 독자가 앞으로 나서는 짜릿한 순간이지요.

생명의 간격 문장의 간격

문장이 너무 촘촘하면 숨을 쉴 수 없습니다.
문장에 쉴 틈을 주십시오.
틈이 있어야 글이 살아납니다.

봄입니다. 주말농장에서는 5월 5일 어린이날이 지나면 본격적으로 모종심기를 합니다. 고추며 가지며 오이며 토마토 온갖 쌈거리들의 모종을 사서 잘 고른 밭에 질서 있게 심는 것은 밭농사의 중요한 일정이지요, 그런데 처음으로 농사를 배우시는 분들은 욕심이 많아서 밭에 무조건 많은 모종을 심으려고 합니다. 하지만 그렇게 심었다가는 작물이 자라는 여름부터 낭패를 겪기 십상입니다. 왜일까요?

작물의 성장 속도와 크기가 다르기 때문입니다. 그러니까 씨를 뿌리거나 모종을 심을 때에는 작물 사이의 간격을 잘 알아서 심어야 합니다. 작물과 작물 사이를 얼마만큼 띄워야 할까요? 그 간격이 일정하지는 않습니다만, 노련한 농부들은 작물을 심을 때의 크기가 아니라 작물이 다 자랐을 때의 크기를 염두에 두고 간격을 만들어 심습니다. 예를 들면 상추의 경우에는 20~30센티미터면 충분합니다. 자라는 대로 겉잎을 잘라서 먹기 때문에 간격을 좁게 해도 상관이 없습니다. 하지만 고추나 오이, 호박 등은 간격을 더 벌려야 합니다. 대략 40~50센티미터의 간격으로 심습니다. 어떤 분은 넝쿨작물인 오이나 호박, 토마토 등은 1미터의 간격을 두고 심기도 합니다. 그래야 공기도 통하고 작물들끼리 싸우지도 않습니다.

과장해서 말해보자면, 소나무나 단풍나무 묘목을 1미터 간격으로 심으면 어떨까요? 처음에 자랄 때야 별 문제 없겠지만 2, 3년이 지나고 나면 낭패를 겪습니다. 가지끼리 부닥치고 난리가 납니다. 무릇 모든 생명은 생명의 간격이 있기 마련입니다. 동물들도 마찬가지입니다. 좁은 공간에 많은 수를 밀어넣으면 스트레스를 받고 서로 싸우게 되어 있습니다. 그런 점에서 닭이나 돼지, 소를 키우는 공장식 축산은 생명의 거리를 무시하고 이윤만을 추구하는 생명착취의 현장이 아닐 수 없습니다.

이 생명의 거리를 말하기나 글쓰기에 적용하면 어떨까요? 주어진 문장을 같은 속도로 읽는다면 로봇의 말하기에 다름 아닙니다. 말하기는 호흡, 속도, 음의 높낮이, 휴지 등을 고려하여, 때로는 천천히, 때로는 빨리, 때로는 낮게, 때로는 높게, 때로는 크게, 때로는 속삭이듯이, 때로는 몰아치고, 때로는 멈추어야 합니다. 드라마의 배우들이 말하는 것을 잘 관찰하면 이 말이 무슨 말인지 정확히 알 수 있을 것입니다.

글쓰기도 마찬가지입니다. 문장과 문장 사이에, 문단과 문단 사이에 간격이 중요합니다. 눈에 보이는 물리적 간격을 말하는 것이 아닙니다. (물론 띄어쓰기나 문단 나누기를 해야겠지요.) 글을 읽는 독자의 심리적 간격을 염두에 두고 글을 써야 합니다. 달리 말하면 문장 사이에 틈을 두어야 합니다. 독자들이 문장을 이해하고 음미하고 느낄 수 있도록 문장의 속도와 간격을 조정해야 합니다. 이를 문장의 호흡법이라 말해보면, 문장들도 숨쉴 수 있는 틈을 주어야 생명이 유지됩니다. 문장에 쉴 틈을 주십시오, 틈이 있어야 글이 살아납니다.

용두사미냐, 화룡점정이냐

아껴야 나눌 수 있듯이
남는 문장을 덜어내야
모자라는 문장에 보탤 수 있습니다.

노자의 《도덕경》 77장은 이렇게 시작됩니다. "하늘의 도는 마치 활을 당기는 것 같습니다. 높은 것은 누르고 낮은 것은 올리며, 넉넉한 것은 덜어내고 부족한 것은 보탭니다. 하늘의 도는 넉넉한 것을 덜어내어 부족한 것에 보태는 것입니다." 자연은 넘치지도 모자라지도 않게 자연스러운 생태적 균형을 지킵니다. 그러나 인간 사회가 꼭 이 원리를 따르는 것은 아닙니다. 오히려 인간사회는 승자승 원칙, 즉 넘치는 자에게 더욱 넘치게 채워줍니다. 양극화 사회, 빈익빈 부익부 현상이 어제 오늘 일이 아닙니다. 그래서 현대사회에서는 사회 복지라든지, 기본소득이라든지, 사회적 균형을 되찾으려는 정책들이 다양하게 개발되고 있습니다. 경쟁의 원리만으로 사회가 유지될 수 없기 때문입니다. 사회적 구성원들의 인권을 보장하고 구성원들이 행복을 추구하도록 사회를 운영해야 하는 것은 헌법이 보장하는 기본권에 해당합니다.

이제 글쓰기의 현장으로 눈을 돌려봅시다. 글을 쓰다보면 글 전체의 균형을 유지하는 것이 중요합니다. 앞부분은 거창하게 시작했는데 뒤에 가서 흐지부지 끝내버리면 글을 읽기가 힘들어집니다. 드라마의 경우라면 1회에서 거창하게 시작했지만, 초반을 거쳐 중반에 이르렀을 때에 이미 결말이 뻔하게 드러나는 드라마를 보는 것처럼 맥없는 일은 없습니다. 흥미가 사라집니다. 책은 어떻습니까? 서론 부분이 흥미로워 책을 구입했는데, 얼마 가지 않아 이야기가 길을 잃거나 중언부언을 거듭한다면 책 구입을 후회하게 만듭니다. 용두사미로 끝나는 책을 만나는 것 만큼 짜증나는 일은 없습니다.

글을 쓰는 사람은 글을 쓰든 책을 쓰든 균형감을 염두에 두고 글감을 조절해야 합니다. 초반에 너무 힘을 쓰다보면 정작 본격적으로 글을 쓸 때 힘이 떨어지게 돼서 쓸 말이 부족하게 됩니다. 그래서 초보작가들은 글을 쓰기에 앞서 간략하게라도 개요를 작성하여 글의 전체 흐름을 짜놓는 것이 좋습니다. 개요는 글의 균형을 한 눈에 볼 수 있도록 도움을 줍니다. 출판사에서도 신인작가들에게는 책의 목차나 시놉시스를 요구하기도 하는

데 이는 글의 흐름뿐만 아니라 글 전체의 균형감을 파악하기 위해서입니다.

문장 차원으로 보자면 남은 문장을 덜어내고 모자라는 문장을 채워넣는 것이고, 문단 차원에서는 문단 간의 균형을 맞추는 것이며, 책의 차원에서는 뒤로 갈수록 더욱 깊이 있는 독서가 가능해지도록 글의 내용을 배려하는 것입니다. 용두사미(龍頭蛇尾)로 끝나는 글이 아니라, 화룡점정(畵龍點睛)으로 마감되는 글이 최고입니다. 글을 쓰고 있는데 꼬리가 보이십니까, 아니면 마지막으로 점을 찍어야 할 눈이 보이십니까.

다시 쓰기 위해

새로 시작하십시오

기존에 작품에 집착하지 마십시오.
명성을 기대하지 마십시오.
다 썼으면 머물지 마십시오.

신영복 선생의 〈처음처럼〉이라는 글에는 "처음으로 하늘을 만나는 어린 새처럼, 처음으로 땅을 밟은 새싹처럼, 우리는 하루가 저무는 겨울 저녁에도 마치 아침처럼, 새봄처럼, 처음처럼 언제나 새날을 시작하고 있습니다. 산다는 것은 수많은 처음을 만들어 가는 끊임없는 시작입니다."라는 구절이 있습니다.

모두 문장이 강조하는 것이 '처음'입니다. 왜 '처음'을 강조할까요? 끝이 찬란한 사람은 처음을 생각하지 않습니다. 기쁨으로 마감된 삶은 처음을 떠올리지 않습니다. 성공으로 점철된 인생은 처음에 의미를 두지 않습니다. 우리네 인생을 살펴보면 찬란한 기쁨과 근사한 성공보다는 쓸쓸한 슬픔과 미치지 못한 실패가 더욱 많습니다. 살아온 길을 되돌아보면 디딤돌이 아니라 걸림돌이 놓여있는 듯 허망하기조차 합니다. 실패하고 좌절하고 낙담하면서 살아왔습니다. 언제 끝날지도 모르는 길을 걸어가고 있는 것만 같습니다.

글쓰기도 마찬가지입니다. 써놓은 글을 보면 늘 부족하고 뭔가 덜된 것 같고, 심하게는 아예 자질이 없는 것처럼 느껴집니다. 작품 하나를 성공한 사람도 새로 시작하려면 어려운 법인데, 단 한 번도 성공했다고 생각하지 않은 사람은 오죽하겠습니까? 차라리 그만두고 싶을 때가 한두 번이 아닙니다.

그래서입니다. 우리에게 용기가 필요합니다. 어떤 심리학자가 '미움받을 용기'라는 말을 썼는데, 글쓰기로 말하면 '다시 시작하는 용기'가 필요합니다. 다시 시작하는 용기는 이전에 썼던 글을 외면하는 것이 아닙니다. 작년 농사가 망했어도 다시 씨를 뿌리는 농부처럼, 결과를 있는 그대로 받아들이고 새롭게 시작하는 것이 용기입니다. 실패를 예상하고 시작하는 사람은 아무도 없습니다. 그러나 실패했더라도 다시 시작하는 사람이 있습니다. 그런 사람이 작가입니다.

처음부터 글을 잘 쓰는 사람은 없습니다. 처음은 미숙함을 반영합니다. 그 미숙함에도 불구하고 다시 시작하는 것입니다. 이 지루한 '차이가 나는 반복'을 계속하며 글쓰기는 이어집니다. 그 과정에서 작품이 탄생합니다. 그러니 처음이 아니더라도 이렇게 용기 내 되뇌어보는 겁니다. '처음처럼!'

누구나 베스트셀러 작가가 될 수 있다면

심함, 지나침, 극단을 피하십시오.

어떤 사람이 베스트셀러 작가가 될 수 있을까요? 끝내주는 글 빨? 대형출판사의 기획? 시대명운과의 만남? 모두일 수도 있고 하나도 아닐 수도 있습니다. 물론 선택은 독자가 하는 것이니 전적으로 독자의 몫이겠지요. 독자가 많이 선택하면 분명 베스트 셀러 작가가 될 수 있습니다. 하지만 '항상 독자가 옳은 선택을 하는 것은 아니다'라고 나는 생각합니다.

좋은 작품이 항상 좋은 독자를 만나는 것도 아닙니다. 후대 에 걸작으로 평가받는 빛나는 작품들이 당대에는 천대와 푸대 접을 받은 적도 있습니다. 니체의 저서 중에는 출판사를 구하지 못해 자비로 출판한 책이 많았습니다. 반대로 당대 최고의 작품 으로 선택된 책들이 후대에는 사라지는 경우도 있겠지요. 그래서 고전은 그런 시대적 시련을 견뎌낸 작품들입니다.

베스트셀러 현상은 창작 이후에 판매와 유통과정에서 벌어지는 일이니, 작가의 입장에서 보면 자신이 쓴 작품의 운명을 가늠할 길이 없습니다. 스스로 최고의 작품이라고 생각하는 책이 푸대접을 받은 경우도 있고, 그냥 그럭저럭 쓴 작품이 엄청난 인기를 얻기도 합니다. 아침에 눈을 떠보니 일약 슈퍼스타가 되기도 합니다.

물론 함량미달의 책이 많이 팔릴 리는 없지요(도색잡지라 하더라도 함량이 필요합니다). 적어도 어느 정도 수준에 도달한 책들이 판매에 도움이 되는 것은 분명합니다. 하지만 제가 경험하고 아는 바로는 베스트셀러가 되는 비결 따위는 없습니다. 작가는 독자를 염두에 두고 글을 쓰지만, 독자에게 휘둘려 글을 쓰지는 않습니다.

노자의 《도덕경》 29장을 풀어서 쓰면 이렇습니다. "만일 천하를 억지로 얻고자 한다면 그것이 불가능하다는 것을 나는 아오. 천하는 신묘한 것이어서 억지로 얻을 수 있는 것이 아니오. 억지로 얻고자 하면 실패하고, 억지로 잡고자 하면 잃게 되지요. 세상만사 마찬가지. 앞서는가 하면 뒤처지고, 약한가 하면 강해지고, 일어서는가 하면 무너집니다. 그러니 어찌 해야겠습니까? 심함, 지나침, 극단을 피해야 합니다."

그러니 작가들은 돈에 휘둘려서는 안 되고 인기에 휘둘려서도 안 됩니다. 극단으로 치달리다 보면 반드시 낭떠러지가 기다립니다. 안 팔린다고 위축되거나, 잘 팔린다고 우쭐대서는 안 됩니다. 인기는 소나기와 같아서 몰아치지만 오래가지 않습니다. 작가가 잃지 말아야 할 것은 돈이나 인기가 아니라 작가 자신입니다. 양심에 거리끼거나 영혼을 더럽히는 일은 하지 마세요. 베스트셀러 작가가 되는 것보다 더 중요한 것은 좋은 작가가 되는 것입니다. 자신의 작품이 많이 팔리든 아니든 그것만 생각하면 됩니다. 당신은 좋은 작가입니까?

써야 할 때와 멈춰야 할 때

유명세를 멈출 줄 알아야 합니다.
멈출 줄 알아야 위태롭지 않습니다.

카드게임 고스톱을 해보면 '고'해야 할 때와 '스톱'해야 할 때가 있습니다. '고'에는 용기가 필요하지만, '스톱'에는 지혜가 필요합니다. 과유불급(過猶不及)이라는 오래된 지혜도 있습니다. 지나침은 미치지 못함만 못하다는 말이지요. 운동을 할 때도, 음식을 먹을 때도, 술을 마실 때도 이 지혜는 유용합니다. 지나침은 위험합니다. 과음(過飮)과 과식(過食)이 위험한 건 누구나 잘 알고 있습니다. 멈출 줄 알아야겠지요.

멈춤(止)은 동양사상에서 가장 중요한 개념입니다. 공자의 가르침을 전한 《대학》에는 '지어지선(止於至善)'이라는 말이 있습니다. 지극히 선함에 머물라고 풀이합니다. 교육의 최종목표이지요.

그러면 지극히 선함이란 무엇일까요? 자신의 밝음을 밝히고(明明德), 이웃과 친하게 지내는(親民) 겁니다. 한편 노자의 《도덕경》32장에는 다음과 같은 구절이 있습니다. "이름을 이미 얻은 후에는 멈출 줄 알아야 합니다. 멈출 줄 알면 위태롭지 않습니다.(名亦既有 夫亦將知止, 知止可以不殆)"

　박지원이 쓴 《열하일기》중 '장대관람기'에 이런 구절이 나옵니다. "대개 장대를 올라갈 때는 한 계단씩 차례로 밟고 올라가기 때문에 위험을 모르고 있다가 내려오려고 눈을 한 번 보면 헤아릴 수 없이 까마득히 높은 곳에 위치하고 있어 현기증이 생기는 까닭이니 그 탈의 원인은 눈입니다. 벼슬을 하는 것도 이와 같을 것입니다. 바야흐로 벼슬이 올라갈 때는 한 등급, 반 계단씩 올라 남에게 뒤처질까봐 남을 밀치고 앞을 다투다가, 마침내 몸이 숭고한 자리에 오르면 마음에 두려움이 생기고 외롭고 위태로워 앞으로 한 발자국도 나가지 못하고 뒤로는 천 길 낭떠러지로, 붙잡거나 도움 받을 희망마저 끊어져서 내려오고 싶어도 내려올 수 없게 됩니다. 역대의 모든 벼슬아치들이 그러했을 것입니다."

　벼슬아치만 그렇겠습니까? 작가도 마찬가지입니다. 특히 유명세를 타고 있는 작가들은 보는 눈도 많아지고 독자들이 기대하는 바도 큽니다. 사회적 책임을 져야 하기도 합니다. 그래서 조심하고 조심해야 합니다. 잘 나가던 작가가 하루 아침에 추락하는 것을 여러 번 보았습니다. 유명해지기 전에도 마찬가지입니다. 조급한 마음에 성급히 글을 쓰다보면 함량에 미치지 못하는 글을 쓰게 되어 있습니다. 제가 경험해 봐서 너무도 잘 압니다. 작가들도 써야 할 때와 멈춰야 할 때를 잘 알아야 합니다. 성실함과는 다른 이야기입니다. 성실함은 자신을 지켜내는 겁니다. 그러나 과욕은 자신을 넘어서는 겁니다. 자신을 넘어서는 글쓰기는 멈춰야 합니다. 위태로운 삶을 선택하지 마세요. 멈춰야할 때 멈추는 삶을 선택하세요.

루틴, 그 위대한 일상

글을 다 쓰면 처음으로 돌아오십시오.

처음처럼 다시 시작하십시오.

밥 먹고 사는 일이 아무리 지겨워도 그 일을 멈출 수 없는 것은 멈추면 죽기 때문입니다. 어디 밥뿐이겠습니까? 숨쉬는 일, 물 마시는 일, 자고 일어나는 일, 만나고 헤어지는 일 모두 우리의 삶과 직결되고 멈추면 죽게 됩니다. 옛 어른들이 인명(人命)은 재천(在天)이라 했지만, 사실은 다반사(茶飯事)입니다. 마시고 먹고 하는 반복되는 일상이 바로 삶입니다.

글쓰기 또한 이러한 반복에서 벗어나지 않습니다. 단 한 번의 위대한 글쓰기란 없습니다. 백조의 우아한 자태는 수면 아래서 수없이 왕복하는 발놀림의 결과입니다. 끝이 없습니다. 새 글을 쓸 때도 그러하지만, 다 쓴 글 역시 퇴고하면 퇴고할수록 더 나아집니다. 책으로 나온 글은 그 수많은 퇴고 과정을 거쳐서 보여지는 것입니다. 심지어는 책으로 나오고 나서도 수없는 개고(改稿)

를 하기도 합니다. 작가 최인훈은 《광장》이라는 책이 나온 이후에도 10여 차례나 수정을 했다고 합니다.

자신의 내밀한 기록인 일기라면 수정이 필요하지 않을 수도 있습니다. 그러나 남들에게 보여지는 글은 보여지기 전에도 퇴고 과정을 거치고, 보여지고 나서라도 잘못되거나 고치고 싶은 내용이 있으면 고치는 것이 좋습니다. 《문장강화》를 쓴 이태준은 구체적인 퇴고 방법을 말합니다. 첫째, 무의미한 말, 습관적인 말이 있으면 고칩니다. 둘째, 오해를 불러일으키거나 모순되는 말은 고칩니다. 셋째, 글의 인상이 선명하지 않으면 고칩니다. 넷째, 문장의 길이는 될 수 있는 대로 줄입니다. 다섯째, 처음의 생각과 처음의 신선이 있도록 고칩니다. 마지막으로 자신이 표현하려던 것이 잘 표현되고 있는지 살펴 고칩니다.

완벽이란 없습니다. 완전이란 없습니다. 글은 항상 역부족이고 표현은 항상 모자라기 마련입니다. 그러니 글을 다 쓰면 처음으로 돌아가야 합니다. 첫술에 배부르지 않습니다. 밥 먹듯이 고쳐야 합니다. 삼시세끼 밥 먹는 루틴이 우리를 살리듯이, 써놓은 글을 고치는 루틴이 글을 더 좋게 만듭니다.

또한 아침밥 먹었다고 점심을 거르지 않듯이, 한 꼭지 썼다고 글쓰기를 멈추지 마십시오. 육신이 밥 먹으며 성장하듯이, 작가는 글을 쓰며 성장합니다. 성장한 후에 글을 쓰는 게 아니라 글을 쓰며 성장한다는 것을 기억하십시오.

글쓰기의 진선미

좋은 글은 독자를 똑똑하게 만들기보다
선하고 바르게 만듭니다.
똑똑하긴 쉽지만 바르긴 어렵습니다.

우리나라에서는 미인을 선발하는 미스코리아 대회가 매년 열립니다. 아름다움의 기준이 애매하고 모호하기는 합니다만, 어쨌든 그렇게 해서 선발된 미인들은 진선미(眞善美)라는 타이틀 중 하나를 갖게 됩니다. 그런데 그 타이틀인 진선미는 아름다운 여성에게만 필요한 것이 아니라 살아가는 모든 사람에게 필요한 덕목입니다. 진실되고, 선하고, 아름답게 살아가는 삶이 좋은 삶이지요.

진선미는 오래된 철학의 주제입니다. 진(眞)은 진리와 진실, 앎의 영역을 다루는 인식론에 해당하고, 선(善)은 선과 악, 좋음과 나쁨의 영역을 다루는 윤리학에 해당하고, 미(美)는 아름다운과 추함, 균형과 파격의 영역을 다루는 미학(예술학)의 영역입니다. 근대철학자 칸트가 쓴 3부작인 순수이성비판, 실천이성비판, 판단력비판이 이 세 영역을 다루는 저서입니다. 말이 어려워졌습니다만, 쉽게 똑똑함, 선함, 아름다움이라고 생각해봅시다. 미스코리아의 순위에 따르면 1등은 진(眞)이고, 2등은 선(善), 3등은 미(美)입니다만, 곰곰 생각해보면, 똑똑하기보다 선하기가 어렵고, 선하기보다 아름답고 조화롭게 살기가 더욱 어렵습니다. '진 〉 선 〉 미' 가 아니라 '진 〈 선 〈 미' 가 맞다고 보입니다.

진선미를 글쓰기에 적용해보면 어떨까요? 글에는 많은 정보가 있습니다. 이 정보는 왜곡되거나 과장되지 않고 진실해야 합니다. 진실되어야 합니다. 그래야 독자들이 그 글을 신뢰하고 자신들의 삶의 정보로 이용할 수 있습니다. 세상을 더 넓고 깊게 보게 만듭니다. 많은 정보를 아는 지식인이 될 수 있습니다. 하지만 앎에서 그친다면 온전한 삶이 아닙니다. 한 걸음 더 나아가 봅시다. 글은 독자로 하여금 선한 방향으로 나아가게 합니다. 독자의 삶이 더 나아지도록, 앎이 선한 삶으로 확장되도록 유도합니다. 개인과 공동체의 행복을 추구하게 하는 기능이 글에는 있습니다. 마지막으로 글은 이 앎과 함이 조화되어 한쪽으로 치우치지 않고 균형잡힌 삶을 살 수 있도록 권장합니다. 조화롭고 평화롭고 아름다운 삶은 개인뿐만 아니라 온 인류가 추구해야 할 삶입니다. 사회적 격차가 더욱 벌어지는 어지럽고 추한 삶이 아니라, 서로를 돌보고 지원하는 평화롭고 아름다운 삶을 만들어 갑니다.

자신의 앎을 자랑하고, 경제적 성공만을 부추기는 글들은 진실되지도, 선하지도, 아름답지도 않습니다. 자기에서 벗어나 세상으로 앎의 영역을 확장하고, 함께 더불어 행복하게 하는 진실되고, 선하고, 아름다운 글쓰기를 해야겠습니다. 그러려면 무엇보다 작가 자신이 진선미를 추구하는 삶을 살아야겠지요. 글쓰기, 참 쉽고도 어렵습니다.

나무를 키우듯이 글밭을 가꾸자

쉬운 문장을 쓰십시오.

뜻있는 문장을 쓰십시오.

중심이 선 문장을 쓰십시오.

농사를 짓다보면 모르던 것을 많이 배우게 됩니다. 예를 들면 텃밭상자에서 키우는 상추와 텃밭에서 키우는 상추가 질감과 맛이 확연히 차이가 난다는 것. 왜 그럴까요? 상자에서 자란 작물들은 뿌리를 상자의 깊이 만큼만 내리는 반면, 텃밭에서 자란 작물들은 그 뿌리를 원하는 만큼 깊이 뻗을 수가 있습니다. 그래서 땅 위에서 자라는 높이 만큼 땅 아래로 뿌리를 내리게 됩니다. 보이는 부분과 보이지 않는 부분의 길이가 거의 같게 됩니다. 나무도 마찬가지라고 하네요. 높이 자라는 나무일수록 그 뿌리가 깊습니다. 〈용비어천가〉의 첫 구절, "뿌리 깊은 나무는 바람에 흔들리지 않기 때문에 꽃이 아름답고 열매를 많이 맺는다"라는 말은 거짓이 아닙니다.

그래서 성실한 농부는 열매를 탐하기 전에 땅을 가꾼다고 하네요. 땅이 좋아야 작물도 튼튼히 자라니까요. 그렇게 작물을 키울 때 중요한 것이 하나 더 있습니다. 가지치기인데요. 잘 자란 가지들을 남겨놓고 여분의 가지를 잘라주면, 남아있는 가지들이 수분과 양분을 충분히 공급받아 튼튼하게 자라게 됩니다. 땅을 가꾸는 일이나 가지를 치는 일이나 모두 부지런한 농부의 손길이 필요하겠지요.

글이라고 다르겠습니까. 글로 표현되기 전에 글밭을 잘 가꾸어야 합니다. 독서와 관찰, 대화와 명상 등은 좋은 글밭을 가꾸는 기본동작이라 말할 수 있습니다. 글밭이 풍성해야 거기에서 좋은 글들이 자라게 됩니다. 표현된 글을 세워주는 수많은 침묵의 글들이 있습니다. 보이는 글 만큼이나 보이지 않는 글이 중요합니다. 또한 쓸모 없는 글들, 삼천포로 빠지는 글들은 아깝더라도 잘라내야 합니다. 일종의 글 가지치기지요. 그래야 글에 중심이 서고 뜻있는 글이 살아남게 됩니다. 중심 생각이 튼튼히 서고 의미 있는 문장들이 그 중심 생각에서 가지를 뻗을 때 독자들은 감동을 받게 됩니다. 글을 읽는 과정에서 길을 잃지 않고, 글쓴이의 생각을 더욱 깊이 있게 이해하게 됩니다.

그러니 작가들이여, 변방에서 변죽만 울리지 말고 글의 중심으로 진입하세요. 글의 중심을 정확히 세우고 그 중심을 벗어나지 마세요. 전하고자 하는 바를 정확히 의미있게 전달하도록 힘쓰세요. 겉만 번지르르한 화려한 문장보다는 중심이 있는 뜻 있는 문장을 쓰도록 노력하세요.

도박과 글쓰기

글을 낭비하지 마십시오.

다음번에 쓸 것이 없어집니다.

굶주리게 됩니다.

　도박 영화를 보면 나중에 패가망신하거나 폐인이 되는 사람들이 처음부터 돈을 잃는 것은 아닙니다. 차라리 처음부터 돈을 잃었다면 도박에 빠지지는 않았을 겁니다. 도박에 중독되는 사람은 처음에 돈을 따는 사람들입니다. 그것이 요행에 의한 것이든 아니면 상대방의 작전에 의한 것이든 처음에는 돈을 따게 됩니다. 따는 금액이 상상을 넘어서면 마치 세상의 온갖 행운은 자신의 것이 되는 양 여기게 됩니다. 자신이 정말 실력이 출중한 사람이라고까지 착각하게 됩니다. 거기서 멈췄다면 당분간은 행운을 만끽할 수 있을 텐데 결코 그렇게 되지 않습니다. 결국 다 털리고 빚까지 지고 감당할 수 없을 만큼 불행을 겪게 됩니다.

　글쓰기에도 그런 위험한 행운이 있을까요? 제 경험으로 말씀드리면 있습니다. 이전에 쓴 책이 어느 정도 팔리기 시작하면 여기저기에서 계약을 하자고 연락이 옵니다. 그럴 때 돈 생각에 자신의 깜냥을 가늠하지 않고 덜컥 계약부터 해 버리는 잘못을 범합니다. 그렇게 계약해 놓은 책들이 쌓이면 그 다음부터는 지옥이 펼쳐집니다. 순서대로 차근차근 쓰면 되겠다고 생각하지만, 글쓰기라는 것은 공장에서 물건을 찍어내듯이 시간이 되면 생산되는 것이 아닙니다. 탄탄대로 디딤돌이라 생각했는데, 이리 치이고 저리 치이는 걸림돌이 되어버립니다. 과장되게 표현하면 죽고만 싶어집니다. 그제서야 자신의 깜냥을 알게 되고, 계약을 물리고 계약금을 물어주고 신용을 잃게 됩니다. 정신줄도 살짝 놓칠 수 있습니다. 그나마 정신을 차리고 본래의 속도와 태도를 회복하면 좋겠지만, 그렇지 못한 작가들도 적지 않게 보았습니다. 그러니 자신이 잘 나간다고 생각할 때 조심하십시오. 행운이 계속 오지는 않습니다. 글이 항상 잘 써지는 것도 아닙니다. 행운에 기대지 마시고 자신의 글쓰기 루틴을 잘 관리하십시오. 무리하여 글쓰지 마십시오. 도박하듯 글 쓰지 마십시오.

잘 써진다고 글을 낭비하지 마십시오. 글은 기본적으로 아껴서 써야 합니다. 행불행과 상관없이 자신의 속도로, 자신의 리듬으로 글을 쓰는 연습을 해야 합니다. 그래야 기복이 줄어들고, 행운이 오든 불행이 닥치든 글쓰기를 멈추지 않게 됩니다. 하루에 밥 세 끼를 먹듯이 그렇게 글을 쓰세요. 배고프다고 세 끼 밥을 한꺼번에 먹지는 마세요. 배탈이 나게 됩니다. 먹던 밥도 못 먹고 굶주리게 됩니다.

유연함을 잃지 마십시오

살아있는 문장은 부드럽습니다.
죽은 문장은 단단합니다.
단단하면 쉬 꺾이고 부러집니다.

태어나 성장하고 늙어가는 것이 자연의 순리입니다. 어린아이는 기본적으로 뼈와 근육이 아직 여물지 않아서 유연합니다. 웬만하면 다치지도 않지만, 다쳐도 크게 다치지 않는다면 금세 회복이 됩니다. 점점 성장하여 청년이 되면 뼈도 강해지고 근육도 튼튼해져서 힘을 쓰는 일을 잘하게 됩니다. 웬만큼 일을 해도 지치지도 않습니다. 에너지가 많기 때문이지요. 그러다가 장년을 거쳐 노년이 되면 점점 근육량도 줄어들고 뼈도 약해집니다. 왕년을 떠올리며 무리하게 운동을 하거나 일을 하게 되면 금방 몸에서 신호가 옵니다. 쉬엄쉬엄 살아야지 전력질주하며 살면 크게 다치게 됩니다.

물론 나이가 들어서도 젊음을 유지하는 방법이 없지는 않습니다. 평소에 운동을 꾸준히 해서 뼈도 튼튼하고 근육도 유연하게 만드는 것입니다. 시간이 흐르는 거야 막을 수 없지만, 그 시간의 영향을 조금 늦게 받을 수는 있습니다. 사지에서 우두둑 소리가 나기 전에 유산소 운동이라도 꾸준히 유지하는 사람이 활력있는 생활을 유지할 수 있습니다. (내가 이런 말을 할 처지는 못 됩니다. 죄송합니다.)

나이를 먹는다고 다 나빠지는 것은 아닙니다. 추사 김정희의 글씨도 말년에 쓴 필체가 젊었을 때와는 다른 연륜이 묻어나서 더 좋다고 평가받습니다. 피카소의 작품도 젊은 시절 만큼이나 나이가 먹어가면서 변화하는 작품세계가 매력적으로 느껴집니다. 그러니까 적어도 예술세계 만큼은 나이를 먹는 것과는 비례하여 작품이 안 좋아지는 것이 아닙니다. 뭔가 다른 기준이 필요할 것 같습니다.

나는 그 기준을 내적으로는 유연성, 외적으로는 개방성이라고도 말하고 싶습니다. 유연해야 다양한 사태를 맞이해도 다치지 않고 변화될 수 있습니다. 개방적이어야 자신에게 부족한 부분을 채우고 쓸모없는 부분을 없앨 수 있습니다. 오로지 변치않는 하나만을 고집하는 것이 아니라 그때그때 자신의 상황과 상태에 맞는 다양한 하나를 끊임없이 생산해낼 수 있습니다. 죽어가는 것들은 점점 딱딱해집니다. 살아있는 것들만이 부드럽고 유연하게 움직일 수 있습니다.

자신이 만들어놓은 틀에 갇혀서 나오지 않으려는 작가, 자신이 이룩해놓은 영광만을 누리려는 작가, 세상의 변화에는 눈과 귀를 닫고 자신만의 스타일을 고집하는 작가는 유연성을 상실한 것입니다. 폐쇄적인 세계에 안주함으로 개방성을 상실한 것입니다. 유연성을 상실한 작품세계는 점점 굳어져 죽어갑니다. 개방성을 상실한 작품세계는 앞으로 가지 못하고 공전(空轉)만 할 뿐입니다. 오래가지 못합니다.

부드러운 공감의 힘

부드럽고 여린 물이 강한 바위를 뚫듯이
부드럽고 여린 문장이 닫힌 마음을 열게 합니다.

정치판의 언어는 기본적으로 강건체입니다. 장담하고, 주장하고, 비판하고, 강변합니다. 부드러운 언어가 살아남을 수 없습니다. 톤도 날카롭고 피치도 높습니다. 소리도 엄청 큽니다. 하지만 일상의 언어가 강건체라면 우리는 아마도 숨도 쉬기 힘들 겁니다. 춤추고 노래하는 축제는 좋은 거지만 매일이 축제라면 지옥일 겁니다. 술집에서조차 옆자리가 시끄러우면 눈살을 찌푸리게 됩니다. 우리가 편안하게 느끼는 데시벨은 20~30dB이고, 보통 음성은 65dB 정도라고 하니 이를 넘어서면 시끄럽다고 느껴지겠지요.

연인들의 목소리도 위로의 목소리도 모두 나지막합니다. 그나지막한 목소리가 마음을 열어줍니다. 글도 마찬가지 아닐까요? 글자야 소리가 나지 않지만, 글에서 풍겨 나오는 강도는 소리 못지 않습니다. 글도 부드럽고 자연스럽게 흘러야 편안하지, 딱딱하고 단단하게 굳어있으면 어색해집니다. 독자의 눈길을 사로잡는 것은 강한 고함과 같은 글이 아니라, 부드러운 속삭임 같은 글이지 않을까요.

우리는 그런 글을 공감의 글이라고 말합니다. 공감(共感, compassion)은 상대방의 마음과 나의 마음이 연결되는 것입니다. 연결되어 서로가 서로를 보듬어 안을 때, 따뜻한 온기와 맥박이 전달됩니다. 많은 말이 필요하지 않습니다. 같은 마음이라는 것만 전달되면 됩니다. 힘들다 말하면 힘든지 되물어 보면 됩니다. 외롭다 말하면 손을 내밀며 외롭구나 반복하면 됩니다. 그런 문장을 쓰면 됩니다. 일방적으로 자신의 말을 하는 것이 아니라 상대방의 상태를 항상 생각하면서 글을 쓸 때 우리는 공감의 언어를 배우게 됩니다.

공감의 언어는 생명을 살리는 언어입니다. 처벌의 언어가 아니라 용서의 언어이고, 차별의 언어가 아니라 포용의 언어이며, 분노의 언어가 아니라 사랑의 언어입니다. 세상이 워낙 각박해지고 강팍해지다보니 우리가 어느샌가 모르게 잊었던 언어들입니다. 상대방을 자르는 쇠의 언어가 아니라, 상대방에게 스며드는 물의 언어입니다. 마른 논을 적시며 더러운 곳으로 마다 않고 가면서도 자랑조차 하지 않는 물을 노자(老子)는 사랑했습니다. 그래서 그는 "천하의 부드럽고 약한 것으로 물만한 것이 없지만, 단단하고 강한 것을 공격하는 것으로도 물 이상이 없으니, 이를 바꿀 수 있는 것이 없다. 약함이 강함을 이기고, 부드러움이 굳셈을 이긴다. 천하 사람들 중에 이를 모르는 자가 없으나 실천하는 자가 없다."고 말했습니다.

물의 언어를 배워야 합니다. 부드럽고 여린 물이 강한 바위를 뚫듯이, 부드럽고 여린 문장이 닫힌 마음을 열게 합니다. 결국 작가가 도달해야 할 문장의 모습이 물과 같아야 한다고 생각합니다.

에필로그

에필로그

어떤 문장을 쓸 것인가

노자의 《도덕경》은 1장에서 말로 시작하여 81장에서 말로 끝납니다. 노자는 말합니다. 그대가 간 길이 유일한 길이 아니듯이, 그대의 말(이름)도 유일한 말이 아닙니다.(1장) 믿음직한 말은 아름답지 않고, 아름다운 말은 믿음직하지 않습니다.(81장) 노자는 끊임없이 우리의 삶과 생각과 언어를 성찰하게 합니다. 그의 길을 따라 여기까지 왔습니다. 그의 간략한 문체를 빌어, 문장론을 써봅니다. 끝까지 읽어주셔서 고맙습니다.

아름다운 문장보다는 믿음직한 문장
화려한 문장보다는 소박한 문장

박식한 문장보다는 지혜로운 문장
자랑하는 문장보다는 칭찬하는 문장
힘센 문장보다는 부드러운 문장

남을 이기는 문장이 아니라 상대를 끌어안는 문장
작가가 드러나는 문장이 아니라 작가가 스며든 문장
불변하는 문장이 아니라 늘 지우고 다시 쓰는 문장
완결된 문장이 아니라 열린 문장
완성된 문장이 아니라 실험하는 문장

그리하여
매번 자신을 갱신하는 문장, 살아 있는 문장
오늘을 살고 있는 문장, 세상을 살리는 문장